ZEITGUT

Vor*Lesebücher* für die Altenpflege

Momente des Erinnerns
Band 3 – Auswahl

Bettina Rath, geboren 1946 in Glehn am Niederrhein, 1965 Abitur in Köln, 1968 bis 1973 Psychologie-Studium mit Diplom-Abschluß, 1973 bis 1985 Lehrtätigkeit für Berufe im Gesundheitswesen am Berufsfortbildungswerk des DGB in Frankfurt, 1985 bis 1987 Ausbildung als Altenpflegerin in Frankfurt mit Diplom, 1987 bis 1989 Leitung eines Altenpflegeheims der Arbeiterwohlfahrt, 1989 bis 1999 Leitung einer Beratungsstelle des Diakonischen Werks in Wetzlar für ältere, behinderte und kranke Menschen. Seit 1999 Tätigkeit als gesetzliche Betreuerin im Diakonischen Werk in Wetzlar.
Lebt in Hungen in Hessen.

Ehrenamtliche Tätigkeiten:
1990 Gründung der Alzheimer Gesellschaft Mittelhessen e.V. in Wetzlar, Vorsitzende bis heute.
Zeitweilig Mitglied des Vorstands der Deutschen Alzheimer Gesellschaft Berlin.
Seit 1990 Vortragstätigkeit, Unterricht an einer Altenpflegeschule, umfangreiche ehrenamtliche Beratungstätigkeit und Schulungskurse für Angehörige von demenzkranken Menschen.
1993 Gründung des Tageszentrums für Alzheimer Kranke am Geiersberg, Wetzlar, Geschäftsführung bis heute.
1996 Bundesverdienstkreuz für den Einsatz für demenzkranke Menschen und ihre Angehörigen.
2001 Start des Liederbuchprojekts der Alzheimer Gesellschaft Mittelhessen e.V.
2008 Aufbau eines Helferinnenkreises für die Betreuung demenzkranker Menschen in Hungen bis heute.

ZEITGUT

Vor*Lesebücher* für die Altenpflege

Momente des Erinnerns

Band 3 – Auswahl
Zeitzeugen erzählen von früher

Idee und fachliche Beratung Bettina Rath

Herausgegeben von Jürgen Kleindienst

Zeitgut Verlag

www.zeitgut.de

Umschlagbild vorn:
Margot Linke und ihre Freundin Lilo, links, auf dem Weg zur Kinderchorprobe, etwa 1936 in Gröditz bei Riesa/Elbe, Sachsen. Aus dem Familienalbum von Margot Linke (1924–2005), Kirchheim/Teck, Baden-Württemberg.

Die im Buch veröffentlichten Abbildungen und Dokumente stammen, soweit nicht anders vermerkt, aus dem Privatbesitz der Verfasser sowie aus folgenden Quellen: Ingeborg Müller-Exo (†), Recklinghausen, S. 9; Manfred Altgott, Glauchau, S. 39.

www.zeitgut.de

Bibliografische Information Der Deutschen Bibliothek
Die Deutsche Bibliothek verzeichnet diese Publikation in der Deutschen Nationalbibliografie; detaillierte bibliografische Daten sind im Internet über http://dnb.ddb.de abrufbar.

Zeitgut Verlag GmbH
Klausenpaß 14, 12107 Berlin
Telefon 030 - 70 20 9 3 0, Telefax 030 - 70 20 93 22
E-Mail: info@zeitgut.de
www.zeitgut.de
Herausgeber: Jürgen Kleindienst
Idee und fachliche Beratung: Bettina Rath, Hungen
Auswahl: Ingrid Hantke
Umschlaggestaltung: Daniel Kreisel, Berlin
Druck: GGP Media GmbH, Pößneck
Printed in Germany
ISBN 978-3-86614-185-8

Inhalt

Vorwort

Nach der guten Resonanz auf Band 1 und Band 2 der „Vorlesebücher für die Altenpflege“ liegen nun zwei Fortsetzungs-Bücher vor – wiederum ausgewählt aus dem reichen Fundus an Zeitzeugen-Erinnerungen aus der Reihe Zeitgut. Auch diese Texte führen die Gedanken von älteren, pflegebedürftigen Menschen zurück in ihre eigene Kindheit und Jugendzeit.

In den Vorlesebüchern wird Erinnerungswissen von etwa gleichaltrigen Zeitzeugen eingesetzt. „Das habe ich auch erlebt“ oder „Das könnte ja ich sein“, sind darum häufige Reaktionen. Daraus können gute Gespräche der pflegebedürftigen Menschen untereinander und mit ihren Betreuern und ihrer Familie entstehen. Pflegerinnen und Pfleger, die geeignete Zeitzeugen-Erinnerungen vorlesen, bestätigen die Bedeutung der Identifikation. Besonders im unmittelbaren Wiederfinden können Momente des Erinnerns und damit auch des Glückes erlebt werden.

Das Vorlesen der Texte erfordert keine besondere Ausbildung oder Kenntnis, allenfalls etwas Übung. Vorlesen im Besuchsdienst ist damit für die Pflegeleitung gut zu steuern. Die einzelnen Geschichten sind auf viertel- bis halbstündige Lesungen zugeschnitten. Die Vorlesebücher enthalten nur Episoden, die von den Zeitzeugen selbst erlebt und geschildert wurden. Ziel ist nicht das Wachrufen und die Verarbeitung von traumatischen Erlebnissen. Vielmehr sollen mutmachende, stärkende und oft auch lustige Erinnerungen lebendig werden.

Die Geschichten der Vorlesebücher wurden sachkundig für den Einsatz in der betreuenden Altenpflege ausgewählt. An dieser Art der „Reise in die Vergangenheit“ können vielfach auch Menschen teilnehmen, die unter einer fortgeschrittenen Demenz leiden. Und dies in der eigenen Häuslichkeit im Kreis der eigenen Familie genauso gut wie in Pflegeeinrichtungen.

Bei der Auswahl und Überarbeitung der vorliegenden Texte haben wir gern Hinweise und Ratschläge zu den ersten beiden Bänden berücksichtigt. Insbesondere haben wir den Wunsch nach größeren und mehr Illustrationen, nach mehr Absätzen und nach noch kürzeren Sätzen erfüllt. Und wir haben noch stärker komplizierte Sachverhalte vermieden und den Zuhörern zu viele Namen und Begriffe erspart. Allen Vorlesern und Zuhörern wünschen wir so noch mehr Freude an vielen schönen Momenten der Erinnerung.

Unter **www.zeitgut.de/vorlesebuch** werden Sie von Zeit zu Zeit weitere Informationen über den Fortgang der Vorlesebücher finden. Schauen Sie gelegentlich auf www.zeitgut.de.

März 2011, Wetzlar und Berlin
Bettina Rath, Idee und fachliche Beratung
Jürgen Kleindienst, Zeitgut-Herausgeber

Im See

Heute ist das Wasser warm,
heute kann's nicht schaden,
schnell hinunter an den See,
heute geh'n wir baden.

Eins-zwei-drei- die Hosen aus,
Stiefel, Wams und Wäsche,
und dann schnell ins Wasser rein,
grade wie die Frösche.

Und der schönste Sonnenschein
brennt uns nach dem Bade
Brust und Buckel knusperbraun,
braun wie Schokolade.

(Adolf Holst 1867–1945)

[Gröditz bei Riesa/Elbe;
1933/34]

Margot Linke

Der Bademeister

In unserem Ort näherte sich das Tausendjährige Reich an alle Ecken und Enden. Es wurden Häuser gebaut, Straßen, Sportplätze, Kindergärten, Felder wurden zementiert für die großen Aufmärsche. Ein neues Rathaus wuchs für die Ewigkeit! Wie gewaltig!

Natürlich brauchte die Jugend ein Schwimmbad, denn schwimmen stärkt den Körper. Außerhalb des Ortes bot sich die Röder, ein kleiner Fluß, an. In diesem Gewässer wurde ein kleines Stück, abgetrennt vom tiefen Wasser, für Nichtschwimmer eingerichtet. Treppen führten ins Wasser. Aber die größte Attraktion war eine Rutschbahn. So etwas Wunderbares hatten wir noch nie gesehen. Ein Schild warnte uns: „Nur für Schwimmer!“

Auf einer Wiese konnten wir uns ausruhen und von der Sonne kräftig bescheinen lasen, denn jeder wollte zuerst braun sein. Aus Holzbaracken entstanden Umkleidekabinen. Gemeinschaftsräume gab es für die Mädchen ebenso wie für die Jungen. Männer und Frauen konnten die Einzelkabinen benutzen, den Schlüssel händigte der Bademeister aus. Ja, was wäre ein Schwimmbad ohne den Bademeister?

Der große, schlanke Mann war nicht nur fleißig und ordnungsliebend, sondern in erster Linie auf die Moral der Badenden bedacht. Er war immer mit einer dunklen, viel zu kurzen Hose bekleidet, dafür war sie am Bund weit und ging bis unter die Arme, Hosenträger hielten sie. Meistens trug er ein gestreiftes Hemd und schwarze Schnürstiefel.

Uns Kindern hat der Bademeister auf seine Art das Schwimmen beigebracht. Er lief am Ufer hin und her, dabei schmetterte er seine Kommandos:

„Eins und zwei und drei ... uuund noch einmal!"

Dazu bewegte er seine Arme und die Beine im Takt. Wir mußten bei diesem Anblick immer lachen. Sah er nicht aus wie ein Storch, der daherstolzierte?

Die großen Buben wunderten sich, warum der Bademeister immer außerhalb des Wassers blieb und schmiedeten einen Plan. Eines Tages war es so weit. Der arme Herr Schneider wurde mit Gewalt gepackt, auf die Rutschbahn gesetzt und die Meute rutschte mit ihrem Opfer ins Wasser ...

Er wäre beinahe ertrunken. Unser Bademeister konnte nämlich nicht schwimmen!

Von diesem Tag an erschien er nicht mehr.

Aus: „Zwischen Kaiser und Hitler". ZEITGUT Band 15.

[Bottrop, Ruhrgebiet;
1933–1937]

Robert Beyer

Damals am Rhein-Herne-Kanal

1929 wurde ich in Bottrop geboren und verlebte meine Kindheit bis August 1939 in einer Bergarbeitersiedlung am Rande der Stadt. Fünf Minuten waren es bis zum Rhein-Herne-Kanal, der auch die Grenze zwischen Bottrop und Essen markierte. Hier haben wir uns viel aufgehalten. Wir lernten das Schwimmen, und die Älteren sprangen sogar von der Brücke in den Kanal, wir bewunderten ihren Mut. Auf die vorbeifahrenden Schiffe durften wir allerdings nicht klettern, das war zu gefährlich. Einige Mutige unter uns haben es trotzdem versucht. Wehe, sie wurden entdeckt!

Ein schneller Sprung ins Wasser war dann die letzte Rettung vor einer Bestrafung.

Klümpkes für Kieselsteine

Ich hatte vier ältere Geschwister, drei Schwestern und einen Bruder. Das fand ich toll – allerdings nicht immer. Drei Jahre alt war ich, ein kleiner „Dreikäsehoch“ mit einer Jungenschürze über der Hose. In den Geschäften der Siedlung war ich überall beliebt. Das wußten meine Geschwister und nutzten es weidlich aus. Sie suchten schöne, runde Kieselsteine und füllten meine Schürzentasche damit.

„Männi, geh in den Konsum und hol dafür Klümpkes!“

„Klümpkes“ waren zerbrochene Bonbonreste aus den großen Gläsern. Natürlich ging ich los, legte meine Kieselsteine auf die Theke „für Klümpkes“ und war stolz, wenn ich eine spitze Tüte mit diesen Herrlichkeiten über den Ladentisch gereicht bekam. Meine Geschwister erwarteten mich sehnsüchtig und teilten christlich. Ganz wenig Süßes blieb für mich, ich war ja schließlich der Kleinste!

Meine Geschwister erzählen diese Begebenheit immer wieder auf unseren Familienfesten. Sie erheitert uns noch heute.

Hurra, wir dürfen in's Freibad gehen!

Ein ganz besonderes Erlebnis war es für uns, wenn wir ins Freibad Hesse durften, das im Essener Bezirk lag. Ein Freibad mit einem Zehn-Meter-Sprungturm! Wir bewunderten unseren Bruder Rudi, wenn er aus dieser Höhe mit einem „Köpper“ ins Wasser sprang. Der Eintritt kostete für jedes schulpflichtige Kind fünf Pfennige. Das waren für uns fünf Geschwister 25 Pfennige, viel Geld für unsere Mutter, das sie vom Haushaltsgeld abzwacken mußte. Den ganzen Tag über durfte man für fünf Pfennige im Freibad bleiben, an heißen Sommertagen das reinste Vergnügen!

Schon die Vorbereitungen und die Vorfreude waren herrlich: Mutter schmierte uns Brote mit Rübenkraut, und wir füllten uns Flaschen mit selbstgemachter Limonade. Aus Lakritze, Zucker,

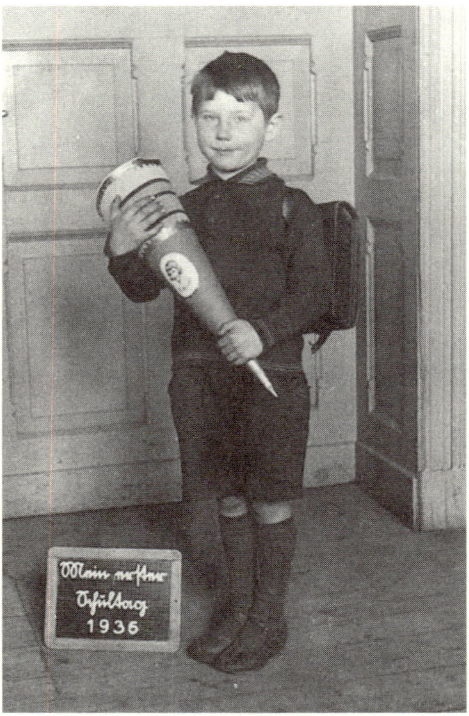

Ostern 1936 bin ich eingeschult worden.

etwas Essig und Wasser entstand eine leckere Mischung. Und dann ging es los!

Wir mußten zwar eine knappe Stunde zu Fuß gehen, aber das machte uns nichts aus.

Die ersten Sommerferien in meinem Schulleben 1936 bleiben mir unvergeßlich. Unser Onkel Karl aus Essen hatte einen „Dämmerschoppenfreund", den er wegen seiner roten Haare den „Roten" nannte. Der „Rote" war Kassenwärter am Freibad, und Onkel Karl vertrat ihn ab und an. Das war für uns natürlich günstig. Onkel Karl zwinkerte uns zu und ließ uns ohne Bezahlung hinein. Hurra, Geld gespart!

Nun konnten wir uns sogar ein Eis kaufen. Manchmal hatten wir auch beim „Roten" Glück, wenn wir sagten, wir gehörten zu Onkel Karl. Die beiden hatten das sicher so besprochen. Mutter erzählten wir nichts davon.

Eines Tages war ich mit meiner großen Schwester Lisa unterwegs zum Freibad. Auf dem Weg dorthin hatten wir unser Eintrittsgeld schon verplant: Eine leckere Eistüte sollte es sein. Aber im Kassenhäuschen sahen wir weder den „Roten" noch Onkel Karl. Da saß ein völlig fremder Mann!

Enttäuscht nahm Lisa mich an die Seite. Was nun?

Aber Lisa war clever. „Männi, du bist noch so klein, ich sage einfach, du gehst noch in den Kindergarten."

Ich nickte, mein Herz klopfte und bestimmt hatte ich rote Ohren!

Wir gingen zum Kassenhäuschen, Lisa nahm mich an die Hand, bezahlte ihren Eintritt und sagte ihren Spruch auf. Der Mann nickte, ließ uns durch und sagte: „Ist in Ordnung."

Wir waren noch nicht ganz an ihm vorbei, da fragte er: „Na, Junge, bei welchem Lehrer bist du denn?"

Ich fiel prompt darauf herein, drehte mich zu ihm um und schmetterte: „Bei Lehrer Stieler!"

Peng, bekam ich einen Schlag in die Seite. Lisa hatte zugestoßen, weil ich mich verraten hatte, und weil sie sich nun schämte. Der Mann lachte herzhaft – und ließ uns so durchgehen. Der Traum von der Eistüte konnte Wirklichkeit werden. Nie wieder haben wir diesen Trick angewandt!

Der Bierkutscher als Eismann

Besonders im Sommer erwarteten wir Kinder den Bierkutscher sehnsüchtig. Er belieferte eine Wirtschaft, die gleich am Anfang unserer Straße lag. Alle Kinder aus der Ebelstraße liefen dem Fuhrwerk jubelnd entgegen. Zwei starke Männer saßen auf dem Kutschbock, einen Lederschurz vor dem Bauch und schnalzten mit der Zunge oder knallten mit der Peitsche. Gut gepflegte, kräftige Pferde zogen den Wagen. Vor der Wirtschaft hielten die Bierkutscher. Besonders glücklich war derjenige unter uns, der irgendwo ein Stückchen Würfelzucker organisiert hatte und ein Pferd damit verwöhnen konnte: Er spürte eine rauhe warme Zunge auf der ausgestreckten Hand – und weg war die Köstlichkeit!

Die Männer hoben die Fässer herunter und trugen sie in den Keller. Die Lederschürzen gaben Schutz, und die dicken Bäuche brauchten die Kutscher, um die Fässer besser tragen zu können. Wir standen daneben und beobachteten alles ganz genau.

Zum Schluß wurden Eisblöcke zur Kühlung über eine Rutsche in den Kellerschacht der Wirtschaft geschoben. Viele abgesplitterte Eisstücke blieben dabei auf dem Wagen liegen. Das war für uns der spannendste Moment. Bevor die Männer in die Kneipe gingen, um ihren Durst zu stillen und sich zu stärken, winkten sie uns heran. Wir durften die Eisstücke aufsammeln. Nun hatten wir Eis umsonst!

Wie köstlich, daran zu lecken! Nur taute die Pracht recht schnell zwischen unseren kleinen, warmen Fingern weg. Man mußte sich ranhalten!

Auch den Pferden wurde eine Stärkung gegönnt. Sie bekamen Hafersäcke umgebunden und fraßen schnaufend von dem Futter.

Die Bierkutscher waren in der Kneipe verschwunden, wir lutschten an unseren Eissplittern, da kam ein Auto in die Straße gefahren. Es war kein toller „Schlitten“, eher eine „alte Mühle“, aber wir bewunderten es mit seinem offenen Verdeck.

Der Wagen hielt an, der Fahrer stieg aus und ging in ein Haus. Er kam alsbald mit einer Ledermütze und einer großen Schutzbrille in der Hand wieder heraus und setzte sich in sein Auto. Aber der Motor sprang nicht an.

Wir Kinder liefen alle hin und standen drumherum. Der Autofahrer versuchte, durch heftiges Drehen mit einer Kurbel und tüchtiges Schimpfen, seinen Wagen in Gang zu bringen. Der Motor stotterte nur laut und ausdauernd, sprang aber nicht an.

Plötzlich scheuten die Pferde und trabten los, die Straße hinunter, in die nächste Querstraße rechts!

Wir rannten hinein in die Wirtschaft. Zuerst schrien wir alle durcheinander, bis sich einer von uns durchsetzte und unsere Bierkutscher uns verstanden: „Die Pferde sind durchgegangen! Sie sind die Straße hinabgelaufen und dann rechts eingebogen!“

Wir wunderten uns, daß die beiden so ruhig sitzenblieben. Sie sahen sich an, nickten mit dem Kopf und einer sagte dazu: „Das ist nicht so schlimm, dann sind die eben eher zu Hause als wir.“

Am Abend erzählte ich meinem Vater aufgeregt die Geschichte. Er lachte und sagte: „Ja, die Pferde kennen ihren Heimweg auch ohne die Bierkutscher!“

Rettung in höchster Not

Mein Vater arbeitete in der Zeche Prosper. Die Löhne für die schwere Arbeit unter Tage waren sehr niedrig. Alle Familien in unserer Siedlung hatten viele Kinder und mußten sehr sparsam sein. Die Väter von Großfamilien waren immer bemüht, in ihrer freien Zeit etwas nebenbei zu verdienen. So war mein Vater nach Feierabend noch in seinem erlernten Beruf als Metzger tätig.

Auch mein Onkel Arthur war für mich ein Vorbild. Nach langer Arbeitslosigkeit hatte er wieder eine feste Anstellung gefunden. Aber viele Kinder brauchten Kleidung, und Hunger hatten sie auch immer!

Onkel Arthur war ein Lebenskünstler. Wir liebten ihn, weil er immer hilfsbereit, fröhlich und stets zu Scherzen und Schelmereien bereit war. Von seinen Sorgen, Enttäuschungen, Trauer merkten wir Kinder nichts. Wir wußten nur, Onkel Arthur kann alles! Keine Arbeit war ihm zu schwer, in seiner Freizeit tat er alles, was sich ihm bot, nur um ein paar Mark zusätzlich aufzutreiben. Er verkaufte aus einem Bauchladen Kurzwaren, half bei der Kirmes aus, verteilte Werbeblätter und, und ...

Eines Tages kam ein Zirkus nach Bottrop. Auch die Bewohner der Siedlungen in den Randgebieten sollten motiviert werden, die Veranstaltungen zu besuchen. Dazu stand ein Zirkuswagen bereit. Er war mit kleinen bunten Plakaten beklebt, die die einzelnen Artisten in Aktion zeigten. Zwei starke Pferde zogen den Wagen. Das war eine Aufgabe für Onkel Arthur!

Mit dem bunten Zirkuswagen zog er durch die Stadt und alle Wohngebiete. Wie bewunderten wir ihn, als er durch unsere Siedlung kam!

Ein helles Hemd, eine dunkle Hose, breite, bunte Hosenträger, einen Zylinder auf dem Kopf und eine „Sprechtröte" in der Hand!

Mit lustigen Sätzen pries er den Zirkus, die Künstler und die Tiere an. Alle Leute schauten aus den Fenstern und klatschten ihm Beifall. Wir Kinder liefen hinter dem Wagen her.

Seit Tagen war aber auch ein „Stelzenmann" unterwegs, der Reklame für Schuhkrem machte. Ab und an setzte er sich im oberen Stock auf eine Fensterbank, machte eine Zigarettenpause oder schäkerte mit den Frauen, die an den Fenstern standen. Den fanden wir Kinder natürlich auch toll, wenn er behende auf seinen Stelzen daherkam. Aber er war keine Konkurrenz für Onkel Arthur.

Einmal trafen sie sich in unserer Siedlung. Es ließ sich nicht mehr vermeiden. Sie warfen sich ihre Werbesätze wie bunte Bälle zu. Beide erregten große Aufmerksamkeit!

Aber irgendwann gab der Stelzenmann auf und zog von dannen. Auch Onkel Arthur hatte sich wohl verausgabt. Er hielt die Pferde vor unserem Haus an, band sie fest und ging zu unserer

Mutter ins Haus. Sie bereitete ihm eine gute Tasse Kaffee – Muckefuck, mit drei Kaffeebohnen verfeinert!

Nun stand der wunderschöne bunte Zirkuswagen vor unserem Haus! Alle Kinderaugen waren darauf gerichtet. Mein Bruder Rudi, der größte und stärkste unter uns, fühlte sich uns allen überlegen. Sein Onkel Arthur war es, der den Zirkuswagen fuhr. Rudi sprang nicht nur im Freibad vom Zehn-Meter-Turm, nein, er konnte auch alles. Rudi löste die Zügel, kletterte auf den Sitz, zog die Zügel straff und schnalzte mit der Zunge. Die Pferde trabten tatsächlich los. Rudi schrie um Hilfe!

Das war das Signal für die Pferde. Auf ging's!

Um die Ecke am Konsum, einen kleinen Straßenanstieg hinauf, und dann auf die Hauptstraße, die über den Rhein-Herne-Kanal nach Essen führte. Wir Jungen und Mädchen rannten hinterher, aber der Abstand wurde größer und größer, und helfen konnten wir Rudi auch nicht!

Bergarbeiter, die nach dem Schichtwechsel auf der Zeche Prosper auf dem Weg nach Hause waren, hatten das führerlose Gefährt mit dem schreienden Jungen beobachtet. Von beiden Seiten lief je ein Mann auf den Wagen zu, sie bekamen das Zaumzeug zu fassen. Dann sprang einer von ihnen zu Rudi auf den Bock und ergriff die Zügel, der andere lief noch ein Stück nebenher, bis die Pferde zum Stehen kamen.

„Da hast du aber Schwein gehabt“, meinte der eine.

Rudi schwitzte, er war völlig aufgelöst. Mit zitternder Stimme bat er den Retter neben sich, ihn zu unserem Haus zurück zu kutschieren. Erlöst und froh liefen wir hinterher.

Und Onkel Arthur?

Der stand vor unserem Haus und hielt verzweifelt nach den Pferden und dem Zirkuswagen Ausschau. Gerade kam der Wagen um die Ecke mit einem sehr zerknirschten Rudi und dem Retter aus höchster Not auf dem Kutschbock. Onkel Arthur hörte sich alles ruhig an, betätschelte die Pferde, flüsterte ihnen etwas ins Ohr und besah sich den Zirkuswagen. Dann zog er Rudi herunter, drückte ihn an sich und sagte: „Alles in Ordnung, mein Junge! Zum Glück ist keinem etwas passiert. Aber das machst du nie wieder!“

Wir standen herum, denn wir hatten eine tüchtige Tracht Prügel erwartet. Nichts!

Onkel Arthur dankte dem Mann, gab ihm ein Geldstück für einen „Dämmerschoppen“ und fuhr davon.

Als Vater abends aus dem „Pütt“ nach Hause kam, setzte es eine ordentliche Standpauke!

Für uns Kinder aber war Rudi dann doch noch einige Tage ein Held. Und Onkel Arthur war der tollste Onkel, den es weit und breit gab.

Aus: „Heil Hitler, Herr Lehrer!“, Reihe ZEITGUT, Band 13.

[Berlin-Prenzlauer Berg;
1924/25]

Liselotte Haak

„Händchen auf den Tisch und Köpfchen frisch!“

Mein sechster Geburtstag lag gerade hinter mir, als meine adrett gekleidete Mama mit mir zur Schulanmeldung ging. Das große, graue Schulgebäude kannte ich schon vom Sehen.

„Wenn der Rektor dich nach deinem Namen fragt, sagst du Anna Ottilie Liselotte Haak“, hatte mir meine Großmutter eingetrichtert, „und wenn er nach deinem Vater fragt, gibst du zur Antwort: Er hieß Willi Haak, ist im Krieg gefallen und war Bankbeamter.“

Na, das war leicht zu behalten.

Über dem Eingangsportal in der Thorner Straße stand: „272. Gemeindeschule“. Auch den merkwürdigen Namen des Rektors hatte ich schon erfahren. Er hieß „von der Kammer“ und war ein kleiner, rundlicher Herr. Als ich mit lauter Stimme meine drei Vornamen herausposaunt hatte, lachte er und sagte: „So genau will ich es nicht wissen!“

Das ärgerte mich, und die folgenden Antworten kamen nur zögernd und leise. Auf seine Frage, ob ich mich auf die Schule freue, antwortete ich strahlend: „Ja, sehr, ich will doch endlich lesen lernen, das L und das A kenne ich schon!"

Damit waren wir entlassen, und ich hüpfte fröhlich die drei Eingangsstufen hinunter.

„Warum habt ihr mir Anna Ottilie beigebracht?" beschwerte ich mich. „Nun hat er mich deswegen ausgelacht!"

Mutter lachte und erklärte mir, daß ich die beiden Taufnamen nach meinen Patinnen, den beiden Großmüttern, erhalten habe.

Am ersten Schultag kurz nach Ostern 1924 erhielt ich eine große, bunte Schultüte voller Süßigkeiten und mein Bruder eine kleine. Die Fibel liebte ich sehr, wenn mir auch nicht alle Bilder gefielen. Da war ein Hund abgebildet, der wie ein böses Wildschwein aussah. Zu den ersten fünf Bildern brachte uns unsere Klassenlehrerin, Fräulein Sommer, passende Verse bei, die ich schnell lernte:

„Heini, Heini, ach, ist Heini dumm:
stippt mit allen Fingerchen im Tintenfaß herum!"

Übrigens waren wir nur Mädchen in der Klasse, dreißig an der Zahl, auch später im Lyzeum.

Schon in der 1. Klasse wurden wir je nach Leistung in eine bestimmte Rangfolge gesetzt. In den Grundschuljahren war ich meist die Erste. Es

O EI NẸ MAUS – WO
LAUF ER NA – RUF MA MA
SO EI NẸ FAU LẸ MI AU
O MEIN FEI NES SO FA
NUN MAL LOS
LAUF RAUS – MI AU
EI NẸ MAUS

Eine Seite aus meiner ersten Fibel aus dem Jahr 1924.

machte mir aber auch nichts aus, wenn ich Dritte wurde, was durch mein Versagen im Kopfrechnen des öfteren vorkam. Dann hieß es: „Zwei runter mit Mappe und Frühstück!“

Ärgerlich wurde ich nur, wenn die Lehrerin ungerecht handelte, was leider auch vorkam. Einmal hatte ich auf Fräulein Sommer eine regelrechte Wut, weil sie mich in die Ecke stellte. Mein Vergehen: Ich hatte gegähnt, ohne mir die Hand vor den Mund zu halten.

„Du hast keine Manieren“, schimpfte sie.

Ich weinte und beobachtete dabei fasziniert die Tränen, die an meiner roten, rauhen Wolljacke wie Perlen hängenblieben.

Aber mit meinen Leistungen war die strenge Lehrerin zufrieden. Oft mußte ich Worte mit Kreide an die schwarze Wandtafel schreiben, ansonsten benutzten wir ABC-Schützen Griffel auf Schiefertafeln. Nachdem wir die großen Buchstaben in Druckschrift beherrschten, ging es an die Sütterlin-Schrift. Obwohl ich Linkshänderin war, lernte ich das Schreiben mit der rechten Hand schnell. Nur beim Basteln machte es sich negativ bemerkbar. Schon in der ersten Woche stellten wir ein Armband aus aufgefädelten Apfelsinenschalenstücken her, das mir nicht so gut gelang. Aber ich trug es ebenso stolz wie meine Klassenkameradinnen.

An ein besonderes Lob meiner ersten Lehrerin erinnere ich mich noch ganz genau. Wir mußten den Beruf des Vaters angeben. Meine beste Freundin, Erika Körnig, schwieg. Da meldete ich mich und sagte: „Herr Körnig ist Expedient."

Fräulein Sommer staunte und fragte mich, ob ich auch wüßte, was ein Expedient zu tun hätte.

Auch das konnte ich ihr beantworten, weil meine Mama es mir erklärt hatte. Daraufhin lobte die Lehrerin: „Da haben wir ja eine kleine Wortgewaltige in der Klasse. Du hast das Zeug zu einer Schriftstellerin!"

Mit diesen Worten konnte ich noch nichts anfangen, aber ich wußte, daß es ein Lob war.

Jeden Morgen machte ich mich zusammen mit Erika auf den Schulweg. Sie war einen Kopf größer als ich, sehr dünn und sehr ruhig. Hand in Hand trabten wir los, die schweren, braunen Lederschulmappen mit den baumelnden Schwämmchen für die Schiefertafel auf dem Rücken. An der Ecke drehten wir uns noch mal um, um meiner Mama, die am Fenster stand, zuzuwinken.

Am Nachmittag kam Erika oft zu uns, und meine Mama übte mit uns Diktate. Auch in der Schule hatte ich da immer null Fehler. Sorgfältig schrieben wir mit Tinte und Federhalter in Sütterlinschrift:

Mama, Bubi, Lene, Hose, Nase, Leine, Pilz, Schirm, Kohlen, Tinte, Feder, Rose.

Die Schulspeisung liebten wir alle sehr. Da die meisten Kinder in den Kriegs- und Nachkriegsjahren zum Teil sehr schlecht ernährt waren, bekamen die Ärmsten unter uns jeden Tag als zusätzliches Frühstück einen Becher Milch und ein Rosinenbrötchen. Beides stammte aus Geldspenden der amerikanischen Quäker. Wie beneideten wir anderen die Dünnen um diese Zukost!

Oft blieben Brötchen übrig. Die zerschnitt die Lehrerin in vier Teile und warf die Stücke, mit dem Gesicht von uns abgewandt, über ihren Kopf in die Klasse. Das gab jedesmal viel Jubel, wenn man ein Stück fing und es essen durfte.

Ausgerechnet Schuhleder!

Mit sieben Jahren war ich zum ersten Mal in meinem Leben verliebt. „Er“ war für kurze Zeit unser Vertretungslehrer in der zweiten Klasse. Unsere Klassenlehrerin, Fräulein von der Heyden, eine respekteinflößende ältere Dame, war krank geworden. Ihr graues Haar trug sie gerade gescheitelt und straff zu einem Dutt zusammengesteckt. Der goldgefaßte Kneifer gab ihr ein strenges Aussehen. Wir hatten zwar keine Angst vor ihr, aber wenn sie morgens die Klasse betrat, verstummte schlagartig unser Lachen und Schwatzen. Brav senkten wir die Köpfe zum Morgengebet:

„Wie fröhlich bin ich aufgewacht ...“

Vom Unterricht selbst ist mir keine Erinnerung geblieben, wohl aber der oft zitierte Spruch der Lehrerin: *„Händchen auf den Tisch*
und Köpfchen frisch!“

Wir haßten es, wenn das Fräulein von Zeit zu Zeit unsere Ohren, Hände und Fingernägel inspizierte. Wer ihren Ansprüchen in puncto Sauberkeit nicht genügte, bekam einen scharfen Hieb mit dem Lineal auf die Hand.

Eines Morgens betrat anstelle der Klassenlehrerin ein junger Mann den Raum und sagte forsch:

„Eure Lehrerin ist im Krankenhaus, wir werden ein paar Wochen miteinander arbeiten. Mal sehen, ob ihr schon meinen Namen lesen könnt!“

Gespannt verfolgten wir, wie er in schönster Sütterlinschrift „Schuhleder“ an die Wandtafel schrieb. Ein Geraune und Gekichere ging durch die Reihen. Und dann fragte die kecke Gerda:

„Und Ihr Vorname?“

Daraufhin schrieb er „Tristan“.

Wir schauten uns ratlos an. Unsere Väter und Brüder hießen Otto, Walter, Paul und Emil, aber Tristan – nie gehört!

Bei dem neuen Lehrer machte der Unterricht Spaß, vor allem gefiel uns sein Äußeres: Er war mittelgroß und zierlich, hatte blondgelocktes Haar und blaue Augen, die fröhlich in die Welt lachten. „Trissi“ wurde der Schwarm der ganzen Klasse, wir fanden ihn einfach „süüüß“!

Mit seiner Geige brachte uns Herr Schuhleder viele Lieder bei. Besonders lustig ging es zu, wenn wir sangen:

Eine kleine Geige möcht' ich haben,
eine kleine Geige hätt' ich gern.
Nachbars Kinder und der Spitz
kämen alle wie der Blitz,
und sängen und sprängen gar lustig herum,
fiedelfiedel fummfumm,
fiedelfiedel fummfumm ...

Wir durften alle den Geigenspieler nachahmen und fiedelnd durch die Klasse laufen. Beim Kehrreim faßten wir uns paarweise an und hopsten ausgelassen herum. Das Verlassen der Schulbänke war damals etwas ganz Neues und Unerhörtes!

Da wir es oft wiederholten, erfand ich eine Variante: Ich war Nachbars Spitz, der mit rhythmischem „Wauwau!“ durch die Klasse sprang.

Herr Schuhleder war begeistert. Er zauberte mit Papier und Schere einen buschigen Spitzschwanz, den er mir ans Röckchen steckte. Die Klasse jubelte so laut, daß der Rektor plötzlich in der Tür stand und sich den Lärm verbat. Aber der „junge Kollege“ wußte ihn zu beschwichtigen: „Die Bewegungsspiele lockern die Kinder auf und machen sie danach lernfreudiger!“

Wir waren von „Trissis“ Mut beeindruckt. Donnerwetter, er war nicht nur nett, sondern ein Held!

Ich selbst erfuhr durch ihn viel Anerkennung. Noch heute wundere ich mich, daß keine der Klassenkameradinnen behauptete, ich würde vorgezogen oder ich schmeichele mich bei ihm ein. Nein, auch Inge und Traute, die beide Führungspositionen in der Klasse innehatten, hegten keinen Arg gegen mich. Sie fanden es auch in Ordnung, daß ich vom dritten Platz auf den ersten vorrückte. Nur Friedel Golz räumte mit bitterbösem Gesicht die Spitze, als es hieß: „Eins rauf mit Mappe und Frühstück!“

Klassenausflug in den Grunewald im Sommer 1926 mit unserer strengen alten Lehrerin. Noch lange schwärmen wir von „Trissi“, dem jungen Vertretungslehrer. Ich sitze im Matrosenkleid in der zweiten Reihe ganz links.

Das Allerschönste aber war für mich die Morgenstunde. Da hatte ich „Trissi“ ganz für mich allein. Als erste stand ich vor dem Schulgebäude. Wenn der Lehrer dann pfeifend angeradelt kam, hielt ich ihm das schwere Schultor auf. Gemeinsam gingen wir zum Fahrradschuppen. Während der junge Mann sein Rad verstaute und die Hosenklammern löste, durfte ich seine Aktentasche halten. Die Belohnung bestand aus dankenden Worten: Er nannte mich seine „getreue Helferin“, „das frühe Lottchen“ oder auch „Krümelchen“! So herzlich hatte noch nie jemand zu mir gesprochen. Zu Hause wehte ein kühler Wind!

Bis zum ersten Klingeln saßen wir nebeneinander auf der Außentreppe und plauderten. Herr Schuhleder stammte von einem Bauernhof. Er erzählte vom Hofhund Nero, der so gern die Hühner jagte, von der Lieblingskuh Buntjack und vom Schafbock Max, der ihn einmal zu Boden gestoßen hatte.

Das waren Geschichten nach meinem Herzen. Und er erfuhr von der kleinen Liselotte, daß sie noch immer davon träumte, der im Weltkrieg vermißte Vater würde eines Tages leibhaftig und gesund vor der Tür stehen. Das hatte ich noch keinem Menschen anvertraut!

In meinem Kinderherzen lebte aber auch schon die Eifersucht. Wenn unser Unterricht zu Ende war, übte Herr Schuhleder oft mit den Großen, den Vierzehnjährigen, Volkstänze auf dem Schulhof. Zu viert oder fünft standen wir Kleinen als Zuschauer dabei, unsere Ranzen lässig an einem Lederriemen hinterherschleifend. „Wenn hier ein Pott mit Bohnen steht“, „Mudder Witsch“,„Ei ja, so springen wir“ wurden getanzt, auch einfache Kreisspiele „Ich nahm die Brille vor meine Augen, um zu sehn, was die Bücher taugen“.

Am besten gefiel mir „Nein, ich mag nicht haben die da!“ Der Innenkreis der „Jungen“, die es ja bei uns nicht gab, löste sich beim Kehrreim auf und jeder suchte sich zum Paartanz ein „Mädchen“:

Die ich mir zum Tanze auserwähl’,
die ist so lustig und fidel – wie ich!

Mit geballten Fäusten und Neid im Herzen beobachtete ich, wie der junge Lehrer die schwarze Elvira holte, mit ihr wild herumtanzte und so daß ihre langen Zöpfe nur so flogen!

Doch dann geschah einmal das erhoffte Wunder: Herr Schuhleder winkte uns, Friedel, Alma, Luzie Fischer und mich, in den Kreis zum Mitmachen. Wir mußten uns ordentlich anstrengen, um mit den Großen Schritt zu halten. Mein Glück kannte keine Grenzen, als mich der geliebte Lehrer „auserwählte“, und mich gar zum Schluß mit gestreckten Armen hochstemmte und in der Luft drehte. Da jubelten die Großen und riefen: „Oh, wie niedlich!“

Ich ging nach Hause wie auf Wolken, aber nicht, ohne der Elvira einen triumphierenden Blick zuzuwerfen: Ätsch, mich mag er auch!

Mit dem Beginn der großen Ferien waren auch die fröhlichen Stunden zu Ende. Der Schulalltag wurde wieder grau wie das häßliche Reformkleid der Klassenlehrerin. Natürlich verlor ich auch wieder meinen ersten Platz. Fräulein von der Heyden stand mit erhobenem Zeigefinger vor mir und sagte: „Du mußt viel fleißiger Kopfrechnen üben. Das ist im Leben wichtiger als das viele Trallala und Hopsassa!"

Mit trotzigem Gesicht schaute ich die alte Lehrerin an. Ich hörte aus ihren Worten auch die Kritik an dem Junglehrer, der unsere Herzen gewonnen hatte. Kein Wort kam über meine Lippen, nur die Tränen kullerten auf das buntgeblümte Sommerkleid. Sie galten nicht dem verlorenen ersten Platz, sondern einem lieben Menschen, der Freude und Wärme in mein kleines Kinderleben gebracht hatte – und den ich nie wiedersehen würde.

Aus: „Zwischen Kaiser und Hitler". ZEITGUT Band 15.

[Altenburg, Thüringen;
1937/38]

Maria Kühl

Besuch im Torhaus

Thüringen hat bis heute keine wirkliche Großstadt, aber sieben besondere Städte: Eisenach, Gotha, Erfurt, Weimar, Jena, Gera und Altenburg. Sieben besondere Burgen gibt es hier und sieben Flüßchen schlängeln sich quer durch das Land. Meine Heimatstadt Altenburg ist eine der ältesten Städte. Bis 1918 war sie Residenz der Fürsten von Sachsen-Altenburg. Berühmt ist Altenburg nicht nur wegen des Skatspiels, sondern auch für die heute liebevoll restaurierten Bürgerhäuser, Villen, Palais, das Renaissance-Schloß, die spätgotische Schloßkirche, das Lindenau-Museum, den Nicolaiturm, die kleinen Galerien ...

Mein musik- und kunsthandwerklich begabter Vater und meine einfühlsame Mutter zeigten mir die Stadt und ihre Schönheit, Verwandte und Freunde wurden besucht. Ich bin die vielen Treppen und Treppchen, die vielen kleinen Gäßchen so gern hoch- und heruntergegangen, meistens gehopst. Der Schloßgarten, vom Gartenarchitekten Lenné entworfen, mit den alten Bäumen und der Schloßberg mit riesiger Schloßanlage zogen mich geradezu magisch an.

Aus den Gesprächen der Erwachsenen hatte ich mitbekommen, daß im Schloß noch die letz-

1937: Das bin ich, Mariechen, Tochter des Stellmachermeisters, ein Altenburger Kind.

Historische Stadtansicht von Altenburg in Thüringen.

te Prinzessin lebte und auch, wo sie wohnte, nämlich über dem oberen Torbogen, im sogenannten Torhaus, das so schön mit wildem Wein bewachsen ist. Also beschloß ich, etwa sechs oder sieben Jahre alt, dieser Prinzessin einen Besuch zu machen. Ich zog mein weißes Sonntagskleid an, das meine Mutter mit Streublümchen bestickt hatte, pflückte auf der großen Brauereiwiese an unserem Bächlein einen bunten Blumenstrauß und machte mich auf den Weg zum Schloß. Von einer alten Frau wurde ich gefragt, wohin ich denn so fein angezogen mit diesem schönen Strauß wolle. Ich antwortete: „Zur Prinzessin!“ und trabte weiter.

Oben im Schloß angekommen, stieg ich die überhohen Steinstufen zum Torhaus hinauf, wo die Prinzessin wohnen sollte. Ich langte gerade bis zum Klingelzug, an den ich mich fast hängen mußte, weil er so schwer war und nach meinem Ziehen laut schepperte, so daß ich mich sehr erschrak.

Nach einer Weile tat sich die große Tür auf. Eine Frau in einem dunklen Kleid mit weißer kleiner Schürze und weißem Häubchen auf dem Kopf stand vor mir und fragte mich freundlich, was ich denn wolle.

„Ich möchte der Prinzessin diesen Strauß schenken!“

„Ja, bist du denn ein Altenburger Kind?“

„Ja, das bin ich, Mariechen aus Kauerndorf. Das ist hinter dem Bahnhof, wissen Sie?“

Die Frau ging ins Haus. Ich wartete ziemlich lange. Dann kam sie wieder, nahm mich bei der Hand und sagte: „Weil du ein Altenburger Kind bist, darfst du der Prinzessin Guten Tag sagen.“

Wir liefen über Gänge und Treppchen bis in einen sehr schönen Raum. Da saß auf einem Sessel eine kleine alte Frau, die mich liebevoll anlächelte. Ich ging auf sie zu, machte einen tiefen Knicks und gab ihr die Blumen. Meine große Enttäuschung, daß diese alte Frau eine Prinzessin sein sollte, schluckte ich tapfer hinunter und sah sie mir sehr genau an: Sie hatte ein dunkelblaues Kleid an, um den Hals trug sie ein breites dunkles Samtband mit einem glitzernden Stein in der Mitte. Und auf dem weißen Haar trug sie ein Häubchen, das sah aus wie ein kleiner Hut mit schwarzer Spitze, was mir sehr gefiel.

Und was mich verwunderte: die kleinen Schuhe standen auf einer runden Fußbank aus bun-

Der Aufgang zum Altenburger Schloß führte mich zum Torhaus, in dem die Prinzessin wohnte. Unvergeßlich blieb mir der Besuch bei Luise Charlotte Marie Agnes von Sachsen-Altenburg (1873–1953).

tem Samt, genau so einer Hitsche, wie die von meiner Oma in Kauerndorf!
Die alte Dame war sehr freundlich zu mir. Sie sagte: „Das ist aber lieb, daß du mir einen so schönen Blumenstrauß bringst. Ich wußte gar nicht, daß jetzt so viele Wiesenblumen blühen, denn ich kann nicht mehr hinausgehen."

Dann fragte sie mich, wer meine Eltern sind. Ich antwortete, daß mein Vater Stellmachermeister wäre, und der Großvater Louis mir erzählt hat, daß er als junger Soldat hier oben auf dem

Schloß, links neben dem Eingang, Wache geschoben hätte. Und er hat für den Herzog Kutschen gebaut, genau wie sein Vater.

Ob ich denn wüßte, wie ein Rad gebaut würde?

„Ja, das weiß ich: Der Vater drechselt erst die Nabe, dann sticht er längliche Löcher hinein für die Speichen, und wenn diese alle reingeklopft sind, werden die Felgen draufgesetzt und festgehauen. Zuletzt macht der Schmied die kleinen Eisenringe im Feuer rotglühend und schlägt sie um die Nabe, damit diese nicht platzt. Die großen Eisenringe werden im Feuer rotglühend auf das Rad gebrannt. Das stinkt; weil das Eisen ganz heiß ist. Mit großen Zangen wird das Rad gepackt und in einem großen Wasserbottich gelöscht. Das dampft und zischt dann ganz weiß!

Mit Zangen wird es wieder herausgeholt, und dann ist das Rad fertig."

Nach einiger Zeit kam die freundliche Frau, die mich ins Haus eingelassen hatte, mit einem Tablett herein. Darauf stand eine große feine Tasse Kakao. Ich durfte mich an einen kleinen Tisch setzen und den Kakao trinken. Er schmeckte einfach himmlisch!

Hernach stand die Prinzessin auf, nahm mich bei der Hand und sagte, sie wolle mir etwas Hübsches zeigen. Sie ging mit mir zu einer sehr kleinen Glasvitrine. Ich war sehr aufgeregt und konnte gar nicht fassen, was ich sah!

In der Vitrine waren lauter winzigkleine Spielsachen aus feinstem bunten Glas und feinem Porzellan, vieles ganz durchsichtig, einiges weiß und bunt bemalt: Püppchen mit gläsernen Kleidchen, Tanzpuppen, ein Brautzug, vorn die Blumenstreukinder, dann, mit einem wunderschönen weißen Kleid, einem Schleier und bunten Blumenstrauß die Braut, dahinter viele elegant angezogene Hochzeitsgäste. Aber das Allerschönste war für mich eine kleine Porzellankutsche. Die sechs Pferde davor hatten ganz dünne Beine; auch der Kutscher war aus weißem Porzellan. Immer wieder mußte ich diese kleine wunderschöne Kutsche bewundern.

Das Glasschränkchen wurde aufgeschlossen und ich durfte all die wunderbaren Sachen ganz vorsichtig herausnehmen. Mein Herz klopfte und freute sich so sehr, daß ich eins nach dem anderen sehr behutsam auf einen kleinen Tisch stellte und mich davorkniete, um alles ganz nahe zu haben und streicheln zu können.

Ich bekam ein Glockenspiel mit ganz kleinen und immer größeren Glöckchen hingestellt. Die Dame gab mir einen winzigen Silberstab in die Hand, mit dem ich leise die einzelnen Glöckchen anschlagen durfte, was ich zaghaft versuchte. Es kamen zarte helle Töne. Ich jubelte innerlich und versuchte, an viele zu tupfen, um mit den vielen Glöckchen eine Melodie zustande zu bringen, was mir schließlich auch glückte.

Das war wirklich wie bei „Königs“!

Ich habe das Ganze bestaunt und nach langem Bewundern sehr behutsam wieder in den Schrank zurückgestellt. Mit einem tiefen Knicks habe ich mich zum Abschied bei dieser guten Prinzessin-Dame bedankt.

Ganz benommen war ich, so etwas Schönes erlebt zu haben, daß ich hüpfen, alle Freude behopsen mußte. So sprang ich durch den Torweg, den kleinen Berg zum Schloßgarten hinauf, lief die Treppen zum Teehaus hinauf und wieder herunter, an den Köhlereichen vorbei, die 1455 wegen der glücklichen Rückkehr der Prinzen nach dem Altenburger Prinzenraub gepflanzt wurden, hinab zum Lindenau-Museum, weiter an den schönen Villen der Wettiner Straße entlang bis zum Bahnhof.

Ich hopste auch diese Treppen hinunter und schließlich nach Hause, wo meine Mutter mich überglücklich in die Arme nahm, froh, daß ich wieder zurück war. Und nun berichtete ich meinen erstaunten Geschwistern und Eltern von meinem großen Erlebnis auf dem Schloß bei der letzten Prinzessin Luise Charlotte Marie Agnes von Sachsen-Altenburg (1873–1953).

Aus: „Heil Hitler, Herr Lehrer!", Reihe ZEITGUT, Band 13.

[Erftstadt-Köttingen, Nordrhein-Westfalen; um 1950]

Luise Rüth

##132 Ferienglück

Als Kind verbrachte ich meine Ferien im Sommer wie im Winter immer bei den Großeltern auf dem Land. Diese Ferien waren eine Kette von glücklichen und unbeschwerten Tagen und Wochen. Ich glaube, in meinem ganzen späteren Leben habe ich mich nie mehr so frei und zufrieden gefühlt.

Großmutter liebte uns Kinder sehr, und das zeigte sie uns jeden Tag aufs Neue. Sie ließ uns völlige Freiheit in allen unseren Entscheidungen und in unserem Tun.

Jeden Morgen lag der Tag wie ein herrliches Abenteuer vor mir. Mit den Dorfkindern streifte ich durch Feld und Wald. Die Kinder hier hatten eine ganz andere Art von Spielen als bei mir zu Hause in der Stadt. Wir bauten Baumhäuser und schmückten sie mit alten Teppichen und Mobiliar. Alles Eßbare, was wir ergattern konnten, wurde von zu Hause herbeigeschleppt und im Baumhaus gemeinsam verzehrt. Unsere Mahlzeiten waren oft eine bunte Mischung aus Butterbroten, Plätzchen, Obst, Gemüse, Wurst und Käse, doch es schmeckte uns vorzüglich.

An anderen Tagen bildeten wir Banden und streiften durch die Dorfstraßen. Kein Obstbaum war vor uns sicher. Wir wußten, wo es die süßesten Kirschen, die saftigsten Birnen und die dicksten Äpfel gab.

Ich war im Vergleich zu den anderen Kindern sehr klein, aber dafür gewandt, und konnte schnell laufen. Also wurde immer ich zum Obststibitzen vorgeschickt. Manchmal erwischte uns der Gartenbesitzer und es gab Prügel. Lief ich dann zu Großmutter, so tröstete sie mich mit den Worten: „Wer obsten geht, darf sich eben nicht erwischen lassen!“

Regnete es, liefen wir an den Häusern vorbei und drückten auf die Klingelknöpfe. „Mäuschenklopfen“ nannten wir das. Versteckt hinter der nächsten Ecke, hatten wir einen Heidenspaß, die erstaunten und erzürnten Gesichter der gefoppten Leute zu sehen.

Im Sommer gingen wir fast täglich an den Badesee. Es war ein See, der aus der ehemaligen Kohlengrube entstanden war. Wir schmierten uns von oben bis unten mit nassem Kohlendreck ein und spielten „Neger“. Trocknete die Kohle am Körper, dauerte es viele Tage, bis wir wieder richtig sauber waren.

Abends durften wir Kinder draußen bleiben, solange wir wollten. Die Erwachsenen saßen auf den Haustreppen unter den alten Lindenbäumen, schwatzten und sangen Lieder zur Gitarre. Oft schlief ich dabei auf dem Schoß meiner Großmutter ein. Alles war so friedlich, wie man es nur als Kind erleben kann.

In den Winterferien tobten wir im Schnee oder auf dem zugefrorenen See. Wir bauten Hütten aus Schnee mit der gleichen Ausdauer, wie wir sie im Sommer aus Ästen und Laub gebaut hatten. Am späten Nachmittag trieben uns die Dunkelheit und unsere steifgefrorene Kleidung nach Hause. Dort wurden wir aus unseren nassen Sachen geschält und mit warmen Handtüchern abgerubbelt. Dann ging es in die gute Stube, nahe an den warmen Ofen, aus dem es schon verheißungsvoll nach Bratäpfeln roch.

Der Samstag war auf dem Dorf ein besonderer Tag. Alles rüstete sich für den Sonntag, und das geschah unter ganz bestimmten, festen Regeln. In der Frühe ging die ganze Familie zum Einkaufen – natürlich nur bis zum einzigen Tante-Emma-Laden im Dorf. Großmutter schlug eine Ecke ihrer großen Schürze um, befestigte sie im Bund, und wir zogen los.

Für mich gab es nichts Schöneres, als die Ferien bei den Großeltern auf dem Land zu verbringen. Sie wohnten in Erftstadt-Köttingen. Das Foto zeigt mich zusammen mit meiner Mutter und Verwandten bei der Getreideernte.

Die Gerüche im kleinen Dorfladen waren köstlich. Das Faß mit Salzheringen stand neben dem Topf mit Rübensirup. Gleich am Eingang waren Öl, Essig und Suppenwürze aufgebaut. Zucker, Mehl und Salz gab es lose in mitgebrachten spitzen braunen Tüten. Heringe wurden in Zeitungspapier eingewickelt. Alle unsere Einkäufe verschwanden in Omas weiter Schürze.

Ab Monatsmitte wurde angeschrieben, wie fast jeder im Dorf es machte. Der Händler notierte alles in ein kleines schwarzes Heft. Das hinderte Großmutter aber nicht, jedem von uns Kindern zwei Manna-Bonbons oder eine Lakritzschlange zu kaufen.

Samstag mittag gab es immer Eintopf zu essen, je nach Jahreszeit Bohnen, Linsen, Graupen, Erbsen oder Möhren. Spätestens am Mittagstisch wußten wir, es ist Samstag.

Samstag ist Badetag!

Gleich nach dem Essen heizte Großvater in der Waschküche den großen Wäschekochkessel an. Dann nahm er die Zinkwanne vom Haken an der Wand. Kochte nach einiger Zeit das Wasser, wurden wir Kinder mit kritischen Blicken der Reihe nach gemustert. Derjenige von uns, der am wenigsten schmutzig wirkte, war Großmutters erstes Opfer. Noch in der Küche wurde er entkleidet und dann über den Hof in die heiße Waschküche gebracht. Widerstand nutzte wenig. Wir wußten, es mußte sein, wie Großmutter sagte.

In der Waschküche konnte man vor lauter Dampfschwaden kaum noch etwas sehen. Großvater schleppte eimerweise kaltes und heißes Wasser heran. Sofort wurden wir in die Wanne gesteckt. Oft war das Wasser noch so heiß, daß wir am ganzen Körper augenblicklich krebsrot wurden. Unsere Protestschreie veranlaßten Großmutter lediglich, etwas von „guter Durchblutung“ zu murmeln.

Jetzt kam das Schlimmste: Waren wir von Kopf bis Fuß mit Kernseife eingeschmiert, nahm sie die Wurzelbürste und schrubbte uns ab. An anderen Tagen der Woche nahm sie es nicht so genau: „Schmutz ist wichtig für die Abwehrstoffe“, meinte sie, und „Dreck reinigt Magen und Darm“. Samstags dann warf sie ihre Theorien über den Haufen.

Zum Schluß wurden die Haare mit Essig gespült, was bei uns zu neuerlichem Geheule führte. Etwas Essig bekamen wir meistens in die Augen, und auf der roten, gereizten Haut brannte er teuflisch. War der erste Kandidat erlöst und in ein vorgewärmtes Badetuch gepackt, schritt Großvater wieder in Aktion. Vorsichtig schöpfte er den Seifenschaum aus der Wanne, goß einen Eimer heißes Wasser nach, und schon war das nächste Kind an der Reihe. Schließlich war Großvater selbst nach Mutter, Vater und Großmutter der letzte, der badete. Wenn er fertig war, warf er noch die Schmutzwäsche der Woche in das Badewasser, wo sie bis Montag zum Einweichen blieb, um dann ebenfalls mit Seife und Wurzelbürste bearbeitet zu werden.

Für uns Kinder waren aber noch nicht alle Schrecken vorüber. Großmutter hatte inzwischen schon die Brennschere aus den glühenden Kohlen geholt. An einer alten Zeitung testete sie deren Hitzegrad. Verbrannte die Zeitung, wurde die Brennschere zum Abkühlen durch die Luft geschwenkt, um schließlich uns Mädchen mit der richtigen Temperatur Locken in die Haare zu brennen. Unsere Locken hielten dann fast eine Woche. Ein bißchen stolz darauf waren wir schon: Keiner konnte so gute Locken brennen wie Großmutter.

Den Jungen wurde mit Großvaters Rasiermesser säuberlich der Kopf fast kahl geschoren.

War die ganze Tortur vorbei, durften wir wieder auf die Straße. Wir liefen von Haus zu Haus, um zu sehen, welches Wasser bei den Nachbarn aus dem Abfluß kam. Es gab damals noch keine Kanalisation, und alles Abwasser lief über die Straße. Bei jedem Haus sah es anders aus, manchmal sogar grün. Das fanden wir toll, und wir schnupperten daran, wußten wir doch, daß es Badezusatz aus Fichtennadeln war. Das roch so schön nach Wald.

Bei einigen Häusern war das Abwasser fast schwarz – das war das Waschwasser der Bergmannskleidung. Woanders lief rotes oder gelbgrünes Wasser über die Straße. Dann wußten wir, in diesem Haus gibt es rote Bete oder Wirsing zum Sonntagsbraten.

Wir bastelten Schiffchen aus Papier und ließen sie in der Gosse schwimmen: vom Oberdorf zum Unterdorf. Am schönsten war es im Winter. Das Abwasser gefror zu Eis, und die Straße schimmerte in allen Farben.

Wenn es aus den Häusern nach Sonntagsbraten und Kuchen roch, war das für uns ein Zeichen, nach Hause zu laufen. Am späten Samstagnachmittag wurden nämlich der Sonntagsbraten angesetzt und die großen Bleche mit Obstkuchen gebacken. Das duftete köstlich und wir beeilten uns.

Daß Großmutter uns zuerst ein bißchen ausschimpfen würde, weil wir schon wieder schmutzig waren, daran hatten wir uns gewöhnt. Aber dann, während sie uns ein großes Stück warmen Obstkuchen zuschob, würde sie sagen: „Bald ist wieder Samstag."

Unter Tränen nahte der letzte Ferientag. Dann hieß es Abschied zu nehmen, und das „andere" Leben begann wieder. Zu Hause zählte ich ungeduldig die Tage, bis es endlich hieß: „Ferien ... du darfst sie wieder bei deinen Großeltern verbringen!"

Aus: „Nachkriegs-Kinder", Reihe ZEITGUT, Band 2.

[Cunnersdorf, Sachsen –
Hirschberg im Riesengebirge, Schlesien,
heute Jelenia Góra in Polen;
1927–1931]

Margot Linke

Der Großvater

Meine Familie fuhr jedes Jahr von Sachsen aus ins Riesengebirge, um den Großvater zu besuchen. Wir Kinder freuten uns auf diese herrliche Zeit. Das Haus lag abseits der Straße. Eine lange Pappelallee führte uns in das parkähnliche Grundstück mit großen, alten Bäumen, die zum Klettern einluden.

Und es gab einen Teich mit Fischen, quakenden Fröschen, in der Sonne liegenden Salamandern und wunderschönen Libellen. Die Buben hatten die größte Freude, wenn sie uns in den Teich hineinschmeißen konnten. Nun, um eine Revanche waren wir nicht verlegen.

Die Hauptsache aber war unser Opapa. Er war ein gütiger, stiller Mensch. Kein Großvater, wie man ihn sich heute wünscht: vital, sportlich, und so weiter. Nein, er war eigentlich immer ein alter Herr. Wie alt er war, wußte ich damals nicht. Im-

Großvater Heinrich (1863–1940) mit seinen drei Enkelkindern. Das kleinste bin ich, etwa vier Jahre alt. Die Aufnahme wurde 1927 bei unserem Besuch bei ihm zu Hause in Hirschberg im Riesengebirge gemacht.

mer lief er in seinem schwarzen Anzug herum. Wenn er seine Fuchsien auf dem Balkon züchtete, trug er darüber eine große Leinenschürze, ebenso, wenn er in seiner kleinen Werkstatt bastelte. Am Sonntag zog er den festlichen Schwarzen an, denn der Gottesdienst wurde im Haus abgehalten.

Seine Töchter mit Familien kamen, und es wurde musiziert und gesungen. Ich durfte ihm die Noten am Harmonium umblättern. Ich kannte keine Noten, aber er verstand es, mir das Gefühl zu geben, daß ich ganz wichtig war.

Oft zeigte Großvater mir seine Briefmarkensammlung. Gemeinsam suchten wir dann auf dem Globus das Land, aus dem die Marke kam.

Geschichten fielen ihm ein, oftmals die reinsten Schauermärchen. Die vom Rübezahl mochte ich am meisten, der kleine Berggeist aus dem Riesengebirge half den Armen in ihrer Not.

Nach einem Stadtbummel waren wir einmal so müde, daß wir auf dem Heimweg immer langsamer wurden. Da hatte ich eine Idee, wie wir in Schwung kommen könnten. Ich sang:

Klotz, Klotz, Klotz vorm Bein,
Klavier vorm Bauch.
Wie lang ist die Chaussee?
Rechts steh'n Pappeln, links steh'n Pappeln,
in der Mitte Pferdeappeln.
Klotz, Klotz ...

Opapa hopste mit mir nach dem Takt und vergaß dabei, daß er einen Stock hatte und eigentlich hinkte.

Aus: „Stöckchen-Hiebe", Reihe ZEITGUT, Band 3.

[Gröditz bei Riesa/Elbe, Sachsen –
Hirschberg im Riesengebirge, heute Jelenia
Góra in Polen;
1931]

Margot Linke

Die erste große Reise allein

1931, ich war noch nicht acht Jahre alt, wurde mir der Wunsch, allein zum Opapa nach Hirschberg im Riesengebirge zu fahren, erfüllt. In dieser Zeit war die Eisenbahn schon recht fortschrittlich. Die Zugbegleiter würden wir heute Steward nennen. Alle Formalitäten waren schon sehr bald vom Vater brieflich erledigt.

Endlich kam der Tag meiner ersten großen Reise, ganz allein. Ich bekam ein großes Schild mit Namen, Reiseziel, Adressen und anderen Angaben um den Hals gehängt. Ich haßte es!

Für die Heimfahrt lernte ich alles auswendig und ließ das Schild verschwinden. Meine Eltern übergaben mich auf dem Bahnsteig in Gröditz bei Riesa an der Elbe dem Schaffner, der mich mit in sein Abteil nahm. Ein zweiter Zugbegleiter fuhr mit. Nun konnte die Fahrt beginnen. Wenn Kinder mitfuhren, packten die Frauen der

Schaffner ihren Männern besonders viele gute Dinge ein. Oh, was da alles aus der Tasche kam: Rote und gelbe Limonade, Obst, Kuchen, Bonbons und Spiele. So verging die lange Fahrt wie im Fluge und blieb unvergessen.

Am Ziel angekommen, stand Opapa auf dem Bahnsteig und nahm mich in Empfang. Nun begann eine aufregende Zeit. Die Spaziergänge mit meinem Großvater führten meistens am Haus von Gerhart Hauptmann vorbei. Damals konnte ich mit seinem Namen und auch mit dem eines anderen berühmten schlesischen Dichters, Joseph von Eichendorff, von denen Großvater erzählte, noch nichts anfangen. Aber ich erinnerte mich später im Unterricht an einige Gedichte und Lieder, die Großvater in seiner Schulzeit gelernt hatte und auswendig konnte, so auch an die beiden folgenden:

O Täler weit, o Höhen,
o schöner, grüner Wald,
du meiner Lust und Wehen
andächt'ger Aufenthalt! ...

Großvater erzählte mir, daß er bei seinen Wanderungen auf die Schneekoppe den Rübezahl gesehen hätte, den Berggeist, der den armen Menschen hilft. Über das Riesengebirge wußte er gut Bescheid. Es bildet den höchsten Teil der Sudeten, und die Schneekoppe ist mit 1603 Metern die

Im Riesengebirge unterhalb des Gipfels der Schneekoppe. Links geht mein Bruder, dahinter folgen Cousine Traudel und ihr Vater, vorn im geblümten Kleid wandere ich.

Kraft sammeln für den Aufstieg zum Gipfel. Rast an einem Bergsee.

höchste Erhebung. – Über dem Gipfel der Schneekoppe verläuft heute die polnisch-tschechische Grenze. – Bis zur 1000-Meter-Grenze gibt es Mischwälder, bis zur Waldgrenze bei 1300 Metern ist die Fichte ausgeprägt. Gebiete mit reicher Flora nennt man poetisch „Gärtchen", Teufels- oder Rübezahlgärtchen. Früher soll es hier auch viele Bären gegeben haben.

Leider konnte Großvater nur davon erzählen, denn er ging am Stock. Er bat deshalb seine Tochter Lenchen, meinen Bruder Werner, der schon längere Zeit bei meiner Tante zu Besuch war, meine Cousine Traudel und ihren Vater, mir das Riesengebirge zu zeigen. Mit Rucksack und Wanderstock ausgerüstet, zogen wir im Morgengrauen in Richtung Schneekoppe los.

Der frohe Wandersmann

Wem Gott will rechte Gunst erweisen,
den schickt er in die weite Welt;
dem will er seine Wunder weisen
in Berg und Wald und Strom und Feld ...

(*Joseph von Eichendorff 1788–1857*)

Bei der ersten Rast oberhalb eines Sees zauberte Tante Lenchen etliche Überraschungen aus ihrem Rucksack. Es gab Kuchen, Äpfel, Wurst- und

Käsebrote, Bonbons und Tee. Singend und pfeifend ging es weiter.

Wie ich es mir vorgenommen hatte, erreichte ich als erste den Gipfel des Berges. Als Belohnung erhielten wir in einem Wanderheim rote Brause und Lakritzstangen. Wir genossen die herrliche Aussicht.

Voller neuer Eindrücke fiel ich abends ins Bett. Den Rübezahl hatte ich zwar nicht gesehen, aber ich verstand jetzt, warum Großvater von „seinem Riesengebirge" schwärmte.

Mein Großvater, der in Hirschberg im Riesengebirge zu Hause war, im Kreise seiner Töchter und Enkelkinder. Ich sitze in der Mitte.

Aus: „Zwischen Kaiser und Hitler". ZEITGUT Band 15.

[Alzen bei Morsbach, Oberbergischer Kreis,
Nordrhein-Westfalen;
1932]

Bernadette Schnüttgen

Großvaters Geburtstag

In den dreißiger Jahren gab es bei uns auf dem Lande noch kein Radio, viel weniger einen Fernseher, Telefon oder Kühlschrank. Wenn etwas kühl gelagert werden mußte, brachten wir es in einen Felsstollen, der direkt an das Wohnhaus angrenzte. Dort drinnen waren oftmals die schönsten Kostbarkeiten wohltemperiert aufbewahrt. Die Tageszeitung, es war die „Siegpost", kam erst am Nachmittag und wurde von einem Jungen ausgetragen, der morgens zur Schule mußte.

So hatten wir damals nur eine Uhr für die Angabe der Tageszeit und einen Abreißkalender für das Datum. Auf dem Abreißkalender standen der Tag, der Monat und der Name des Tagesheiligen. Obendrein war die Rückseite mit frommen Sprüchen, Gebeten oder Bauernregeln geschmückt. Wer ebenso hieß wie der aktuelle Heilige, feierte Namenstag. In katholischen Gegenden waren Geburts- und Namenstag oft identisch, denn die

Eltern gaben und geben noch heute gern den Neugeborenen den Namen des Tagesheiligen.

Auch bei meinem Großvater war das so. Er hieß Heinrich, weil er am 13. Juli, dem Tag des Patrons Heinrich, geboren war. Mit dem doppelten Festtag hatte er nie Schwierigkeiten gehabt, bis zu dem Tag, als er 75 wurde. Sein erster Gang am Morgen war der zum Kalender, um das Blatt des gestrigen Tages abzureißen. Das Gebet auf der Rückseite las er laut vor, und das reichte ihm. Das nächste Blatt zeigte ihm klar und deutlich: „Donnerstag, 13. Juli“ und klein darunter „Heinrich/ Egon“. Es war sein Geburtstag!

Er wurde 75 Jahre alt und freute sich schon darauf, den Tag mit allen zu feiern, die zur Gratulation angereist kommen würden. Daß es gleichzeitig auch sein Namenstag war, nahm er diesmal nicht so wichtig, der wurde jedes Jahr gefeiert. Aber 75 zu werden, war doch eine Leistung!

Der Bauernregel auf der Rückseite des Blattes stimmte er kopfnickend zu und sprach sie laut vor sich hin:

„Juli Sonnenstrahl,
gibt eine gute Rübenzahl.“

Die Großmutter nahm keinerlei Notiz von seiner Unruhe, sie hatte genug mit dem Haushalt zu tun. Der Großvater hatte von ihr den Auftrag erhalten, den vollen Weinballon mit dem fertigen Brombeerwein in Weinflaschen abzufüllen. Er hatte sich aber schon fein angezogen und saß auf einer Holzbank neben der Haustür, von wo er einen guten Blick ins dörfliche Leben hatte. Deutlich war ihm anzusehen, daß er auf etwas wartete. Dem Postboten hatte er schon aufgelauert und war innerlich wütend, weil er keinerlei Post mit Glückwünschen erhalten hatte. Nicht einmal seine Schwester, die in Oslo wohnte und die es sonst so schön fand, zwei Festtage an einem Tag zu feiern, hatte einen Geburtstagsgruß geschickt. Zornig darüber, versprach er sich selbst, auch keinem mehr zu gratulieren. Großvater war mit sich und der Welt unzufrieden. Lange schaute er zum Nachbarn gegenüber, der aber auch nur den gewöhnlichen Tagesgruß herüberrief.

Mit traurigem Blick zu seinem Thereschen, die seinen Ehrentag auch vergessen zu haben schien, erhob er sich schweren Herzens, um im Felsenkeller den fertigen Wein in Flaschen abzufüllen. Sie hatte ihn darum gebeten, das doch bis zur Mittagszeit zu tun. Das Probierglas stand in einem Regal direkt über dem Weinballon. Beim Abfüllen stieg ihm das Bukett in die Nase. Genüßlich ließ er das kleine Probierglas vollaufen, hielt es in Richtung Tür dem Tageslicht entgegen und setzte dann mit einem Kopfnicken das Glas an seine Lippen. Kauend und mit der Zunge schmatzend, leerte er es. Das kühle Getränk ging ihm an diesem heißen Julitag süffig durch die trokkene Kehle und tat seinen verärgerten Sinnen gut. Weil keiner an seinen Festtag gedacht hatte, mußte er ja nun alles selbst besorgen. So hatte er für sich schnell eine Regel aufgestellt: Nach jeder abgefüllten Weinflasche trank er zunächst ein Glas auf Heinrich, das Geburtstagskind, und dann prostete er auch Heinrich, dem Namenstagskind, zu. Derart zwei in einer Person, fiel ihm das Abfüllen mit jeder weiteren Flasche schwerer, weil er die Köstlichkeit im Doppel zu sich nahm.

Aber sonst war es gemütlich in seinem Weinkeller, den er selbst in den Felsen gehauen hatte – fachmännisch, denn er war von Beruf Bergmann gewesen. An den Wänden waren einige Bretter befestigt. Darauf lag meistens selbstgemachter Handkäse mit sehr viel Kümmel zum Reifen. Auf dem einfachen Holztisch stand eine dicke Wachskerze, die genug Licht für den Raum und das Wachs zum Abdichten der Weinflaschen hergab. Die grüne Holztür mit dem kleinen Fenster, das man öffnen konnte, stand etwas offen, wenn einer im Keller war.

Als die Großmutter am Mittag in den Keller kam, fand sie dort ihren Heinrich in einem sehr lustigen Zustand vor. Acht sauber abgefüllte Flaschen standen auf dem Tisch. Lächelnd lud er sie zu einem frischgefüllten Gläschen „Hausmarke“ ein.

Nun, kosten wollte sie den Wein ja auch, ehe er

den Gästen angeboten wurde. Der Großvater freute sich, daß sie ihm Gesellschaft leistete. Er saß auf einem vierbeinigen alten Schemel und packte sie mit dem rechten Arm um ihre Taille, dabei drückte er sie leicht, damit sie auf seinem rechten Oberschenkel zu sitzen kam. Mit der linken Hand, den Arm stützend auf der Tischplatte, überreichte er seinem Thereschen ein volles Glas. Dabei stellte die Großmutter fest, daß seine Augen so anders aussahen.

Auf die Frage: „Na du, mein lieber Heinrich, wieviele Gläschen sind es schon geworden?" legte er seinen grauweißen Kopf an den ihren und mit zärtlich weicher Stimme, beide Körper wie im Takt leicht bewegend, sang er:

„Leise, ganz leise, ganz leise kommt der Rausch", um mit etwas kräftigerer Stimme fortzufahren: „man muß doch nicht besoffen sein", und wieder leise, fast sprechend: „ein kleiner Rausch tut's auch!"

Diese eine Strophe wiederholte er mit nach oben gestrecktem linken Zeigefinger einige Mal.

„Aber Heinrich, warum mußt du dich denn heute so betrinken?" fragte die Großmutter.

Stolz gab er zur Antwort: „Weil heute mein Geburtstag ist, mein liebes Weib!"

„Ja bist du denn irre in deinem Kopf?

Morgen ist erst der 13. Juli, und morgen kommt deine Schwester, das hat sie doch letzte Woche schon geschrieben! Auch unsere Nachbarn und der

Herr Bürgermeister haben sich angesagt. Nein, nein, mein Heinrich, was machst du nur für Sachen ..."

Ungläubig und mit schrägstehenden Augen verwies er, als beide ins Haus zurückgekehrt waren, seine Frau auf das Kalenderblatt, auf dem der 13. Juli zu lesen war.

Jetzt ging der Großmutter ein Licht auf. Sie hatte am Morgen versehentlich das Blatt mit der 11 abgerissen und der Vater, treu seiner Gewohnheit, das nächste Blatt mit der 12, und so kam er auf den 13. Juli. Bis er das aber verstanden hatte, war er eingeschlafen. Leise, ganz leise schlief er seinen Rausch aus, bis tatsächlich der Tag seines 75. Geburtstags anbrach, und wir alle – die ganze Verwandtschaft und Nachbarschaft – zu Besuch kamen.

Aus: „Damals bei Oma und Opa. Zeitzeugen erinnern sich an ihre Großeltern."

[Ammensen im Hils, Niedersachsen; 1933]

Anna Strube

Das Gedicht

Ich lebte mit meinen Eltern, meinen Geschwistern und meiner Großmutter in einem kleinen Dorf im Hils, einem bewaldeten Höhenzug aus Kreidesandstein westlich der Leine. Meine Großmutter war damals schon sehr krank. Sie hatte als Kulturfrau – so nannte man die Waldarbeiterinnen – im Wald in ständiger Nässe gearbeitet.

Damals gab es weder Hosen für Frauen noch wasserdichte Arbeitskleidung. Als Folge dieser Arbeit war meine Großmutter halb gelähmt. Neben ihrem Bett stand immer ein Gehstock, mit dessen Hilfe sie mühsam ein paar Schritte zu ihrem Sessel gehen konnte.

Aus einem Fenster schaute sie in den Gemüsegarten. In diesem Garten wuchsen Johannisbeeren, Stachelbeeren und Erdbeeren. Wenn wir Kinder heimlich in den Garten schlichen und naschen wollten, wurde oben mit dem Gehstock heftig gegen die Scheiben geklopft und daran erinnert, daß wir Verbotenes im Sinn hatten. Trotzdem liebte ich meine Großmutter sehr. Mit allen unseren Sorgen konnten wir zu ihr kommen. An ihrem Bett ist wohl so manche Träne geflossen, und sie wußte uns immer zu trösten.

Eines Tages kam ich aus der Schule und erzählte ihr, daß wir in der Schule das Theaterstück „Hänsel und Gretel“ einstudierten. Es sollte in der Gastwirtschaft aufgeführt werden. Ich weinte bitterlich, weil meine ältere Schwester eine Hauptrolle erhalten hatte und ich nur ein Gedicht aufsagen durfte.

„Nun weine doch nicht, Kind! Ich weiß ein wunderschönes Gedicht“, tröstete Großmutter. Sie hatte es aus der Zeitung „Land und Garten“.

Nachdem unser Lehrer sein Einverständnis gegeben hatte, verbrachte ich beinahe jede freie Stunde bei der Großmutter und lernte das Gedicht, bis ich es auswendig konnte.

Der große Tag rückte näher, und das gesamte Dorf freute sich schon auf den Sonntag der Aufführung. Da wurde meinen Eltern und uns Geschwistern plötzlich alle Freude genommen: Unsere Großmutter hatte für immer die Augen geschlossen.

Nun wollten meine Schwester und ich auf keinen Fall mehr an der Aufführung teilnehmen, denn die Beerdigung war ebenfalls für diesen Sonntag

Das bin ich als Zwölfjährige im Schuljahr 1934.

angesetzt worden. Unser Lehrer war darüber ganz verzweifelt, weil in der Kürze der Zeit niemand mehr die Rolle meiner Schwester lernen konnte. So ließen wir uns doch noch überreden.

Damals gab es noch keine Leichenhalle, die Toten wurden zu Hause aufgebahrt. Mein Vater, der von dem Gedicht wußte, bat mich, es zu Ehren meiner Großmutter bei der Trauerfeier aufzusagen. Aber ich wollte und konnte nicht. Erst abends, bei der Aufführung des Märchens, gelang es ihm, mich zu überreden. Unter Tränen sagte ich es auf:

Leis sinkt der Abenddämmerschein
und deckt des Tages Müh' und Lasten.
Ringsum ruht alles, nur allein
unsere Mutter kann nicht rasten.
Die nimmermüden Hände regen
zum Schaffen sich von früh bis spät,
sie ist des Hauses stiller Segen
und ihre Arbeit ein Gebet.

Gedankenvoll blickt auf ihr Tun
sie sinnend und bedächtig nieder,
vielleicht sieht sie beim Stricken nun,
vergangene Zeiten, frohe Bilder wieder.
Wie damals im Geschwisterkreise
mit kleiner ungeübter Hand
sie zaghaft noch auf Kinderweise
zum ersten Mal den Faden um die Nadel wand.

Und Jahre kommen und vergehen,
schnell rauscht der Lebensstrom vorbei;
das Alte muß dem Neuen weichen
und gibt den Weg der Jugend frei.
Nun trägt mit ruhevoller Würde
unsere Mutter fort und fort
des Lebenssorgen schwere Bürde,
bis sie einst ausruhen darf am stillen Ort.

Man erzählte mir später, daß an diesem Abend nicht nur meine Tränen geflossen sind.

Aus: „Zwischen Kaiser und Hitler". ZEITGUT Band 15.

[Fellinghausen zu Heestal (heute Kreuztal),
Siegerland;
1939/40]

Lieselotte Thöne

Der alte Kaufladen

Außer einer Bäckerei gab es nur Großmutters Kaufladen im Dorf. Der Großvater fuhr mit Hundewagen und -schlitten in die umliegenden Dörfer der Gemeinde Fellinghausen, um seine Ware zu verkaufen. Ich selbst habe das aber nicht mehr erlebt. Die Dörfer lagen weit verstreut, und die Wege zu den Kunden ließen sich nur mühsam befahren.

Später kamen die Kolonialwaren hinzu. Als Kolonialwaren bezeichnete man überseeische Erzeugnisse und Rohstoffe, insbesondere Rohrzucker, Kaffee, Tee, Kakao, Tabak, Reis, Gewürze, Südfrüchte und Palmöl. Meine Großeltern namens Bäcker erhielten den Spitznamen „Käsbäcker“, unter dem die Leute uns und das Haus kannten. Dieser Name blieb bis in die heutige Zeit erhalten.

Stets saßen Leute auf der Bank unter den Linden vor dem Haus der Großeltern und unterhielten sich. Fünf Stufen führten zum Eingang hinauf. Eine schwere Eichentür, an der eine lustige Glocke angebracht war, bot Einlaß.

„Klingelingeling!“ schrillte die Glocke.

Großmutter, die in der Wohnung hinter dem Verkaufsraum hantierte, ließ alles fallen und hielt geschwind ihre Hände unters Wasser. Während sie ihrer Kundin oder ihrem Kunden entgegenlief, trocknete sie sich ihre Hände an einem der Schürzenzipfel ab. So verrichtete sie die Hausarbeit nebenbei.

Der Laden war wunderschön anzusehen mit seinen vielen Regalen, in denen fein säuberlich bunte Gläser und Dosen aufgereiht warteten. In großen Schubfächern befanden sich Mehl, Zukker, Salz, Nudeln und Reis. Die Hülsenfrüchte hinter einer Glasscheibe ergaben ein buntes Bild von Erbsen, Linsen, Bohnen: gelb, weiß, rot und braun. Auf einem anderen Regal lagen verschiedene Käseräder. Darunter stand ein Tisch mit einem großem Holzbrett, einem riesigen Messer, Wiegemesser genannt, und einer Säge.

„Bitte, was darf es sein?“ fragte meine Großmutter freundlich. Dann griff sie zu dem Messer, um ein Stück von dem gewünschten Käse abzuschneiden.

Ein anderes Bord bewahrte Stoffe und Wolle. „Wir haben neue Stoffe bekommen, bitte sehr, schauen Sie mal ...!“

Und dann warf Großmutter die Stoffballen auf den Tisch. „...einen feinen Musselin. Diesen hier mit Streublümchen für ein Kinderkleid, auch passende Knöpfe und Litze dazu. Leinen und Nessel für Nachthemden und Bettwäsche ...“

Schnell eilte die Elle an der Stoffkante entlang.

In Großmutters Laden war alles zu haben: auch Kaffeebohnen, grün oder geröstet. Wenn der Kaffee gemahlen wurde, zog der Duft durchs ganze Haus. Zichorie gab es im Kegel. Eine Prise auf ein Lot färbte den Kaffee braun und hob den Geschmack. Das war verbreitet und Brauch. Auf diese Weise sparte man an der Menge echten Bohnenkaffees. Den konnte sich nicht jeder Haushalt leisten, höchstens an Sonntagen.

Auch Trockenobst wurde in Vielfalt angeboten: Apfelringe, Pflaumen, Aprikosen, Birnen und Rosinen. Zitronat verkaufte Großmutter in Stücken, die von der ganzen Frucht abgeschnitten und gewogen wurden. Daneben stand ein Glas mit braunem Kandis, den ich als Kind so liebte. Die dikken Klumpen waren hart und durch Fäden miteinander verbunden. Großvater klemmte sie in einen Spanner, dann nahm er Hammer und Meißel: Ritsche, ratsche ...

Großvaters Gesicht sahen wir die Anstrengung an, es färbte sich rot. Meine Geschwister und ich haschten mit Vergnügen nach Krumen, die auf die Erde spritzten.

Ein Blick ins Kolonialwarenmuseum Maul in Niederwerrn in Bayern. Fast genauso sah Großmutters alter Kaufladen in unserem Dorf aus: die silberne Registrierkasse mit der Kurbel, Fässer für Butter, Sauerkraut und Salzgurken. Ein undefinierbarer, faszinierender Geruch lag über allem.

Im original erhaltenen Kolonialwarenladen in Niederwerrn sind auch die von mir beschriebenen großen Schubfächer für Mehl, Zucker, Salz, Nudeln, Reis, Gewürze und vieles andere zu sehen. Vorn rechts steht eine Holzkiste mit ATA, darüber hängen die großen bunten Bonbongläser.

Die bunten Bonbongläser hatten es mir besonders angetan. Himbeer- und Brombeerbonbons zählten mit zu meinen liebsten Süßigkeiten. Aber auch die Karamellen waren nicht zu verachten, zwei Stück zu einem Pfennig. Manchmal bekamen wir zwei, aber das war selten.

Die schwarzen Lakritzen als Stangen oder Schnur ließen unsere Kinderherzen dahinschmelzen. Ja, da stand ich oft und schaute verlangend nach all dem süßen Naschwerk, das uns nur zu besonderen Anlässen verwöhnte.

Faszinierend fand ich die unzähligen Tüten und Tütchen in allen Größen: spitze und eckige, für jede Menge die passende. Mit blauen und roten Tupfen versehen, hingen sie, an einem Bindfaden aufgereiht, gleich neben der Waage. Ich sammelte alle gebrauchten Tüten und hatte es besonders gern, wenn Mutter mein Schulbrot darin einpackte. An ihnen haftete immer noch irgendein seltener Geruch.

Die kupferne Waage stand stets zu Diensten; ihre unterschiedlich großen und schweren Gewichte zeigten die Menge der Ware an. Mit großem Interesse verfolgte ich, wie Großmutter die verlangte Ware aus den großen Schubladen schaufelte und sich die Tüten auf der Waage füllten. Großmutter aber duldete nicht, wenn wir einmal schaufeln wollten. Sie war eine strenge, aber liebe Frau.

Die Butter wurde in Fässern geliefert. Wenn Butter verlangt wurde, schnitt Großmutter geschickt ein viereckiges Stück der gewünschten Menge heraus und legte es auf ein dickes Papier, das extra für diesen Zweck bereitgehalten wurde, damit es nicht durchfettete.

„Dong, dong!“, rief die Kasse in dunklem Ton, sobald sie geöffnet wurde. Sie konnte noch nicht selbsttätig rechnen. Das tat Großmutter auf einem kleinen Papierblock, der daneben lag. Sie schrieb mit einem Kopierstift die Preise aller eingekauften Waren untereinander und addierte den Betrag im Kopf.

Beim Kassieren drehte sie an der Kurbel. Mit dem Klingelzeichen öffnete sich die Kasse und viele Fächer mit Kleingeld und Scheinen kamen zum Vorschein. Bei einem größeren Einkauf legte Großmutter zwei Bonbons dazu. Schließlich war sie eine höfliche Geschäftsfrau und wollte sich ihre Kundschaft erhalten.

Während Großmutter eine Kundin bediente, hielten die anderen ein Schwätzchen miteinander. Die neuesten Nachrichten gingen wie ein Lauffeuer weiter. So war man gleich informiert und wußte, wer gestorben, wer krank war, wer mit wem geschlafen und wer zu tief ins Glas geschaut hatte. Weil es aus dem Dorf immer interessante Dinge zu berichten gab, brauchten die Frauen Zeit, viel Zeit zum Einkauf. So bald ließ Großmutters Laden keinen wieder los. Er war der einzige Ort, an dem die Frauen ungestört miteinander kommunizieren konnten.

Das bunte Durcheinander und die mannigfachen Gerüche vieler Dinge ließen auch Wunschträume aufkommen, das Portemonnaie der meisten Kundinnen aber war sehr dünn. Sie waren gezwungen zu rechnen und auf vieles zu verzichten. Das Einkaufen machte trotz allem Freude, auch wenn stets nur Notwendiges gekauft wurde. Die Menschen gingen freundlich miteinander um, und Großmutter beriet ihre Kunden gut und ehrlich. Die Frauen trafen einander, tratschten ein bißchen, belachten auch mal ein kleines Mißgeschick ihrer Mitmenschen, tauschten Kochrezepte aus oder verabredeten sich zu einem Besuch.

Kurz gesagt: Was für die Männer das Wirtshaus, war für die Frauen Großmutters Kaufladen: der Mittelpunkt des Dorfes.

Aus: „Damals bei Oma und Opa. Zeitzeugen erinnern sich an ihre Großeltern."

[Hiddigwarden, Kreis Wesermarsch,
Schleswig-Holstein;
1946]

Annemarie Bauer

Der Wecker im Kochtopf

In der Zeit nach dem Zweiten Weltkrieg war ich ein Backfisch, wie man damals die Mädchen nannte, die heutzutage als Teenager bezeichnet werden. Da trug sich bei uns zu Hause eine Begebenheit zu, die mir wohl deshalb so gut in Erinnerung geblieben ist, weil sie so komisch war.

Unsere Mutter war in jener Zeit oft krank, deshalb hatte unsere Oma die Hausfrauenpflichten übernommen. Oma Mimi hatte zwar Haare auf den Zähnen, war also sehr energisch, aber selten um einen guten Rat oder eine Idee verlegen, wenn sie gebraucht wurden.

Eines Tages versagte der einzige Wecker im Haus seinen Dienst. Es war einer zum Aufziehen mit einfachem, eigentlich robustem Werk, aber dennoch tat er keinen Mucks mehr. Ohne Wecker traute sich selbst Oma Mimi nicht zu, jeden Tag pünktlich Menschen und Tagwerk in Gang zu bringen. Andererseits hielt sie es nicht für lohnend, das alte Ding von einem Uhrmacher reparieren zu lassen. Einen neuen Wecker zu kaufen war damals aber nicht möglich. Es gab einfach nirgendwo einen.

Da hatte Oma Mimi eine Idee, auf die wohl kaum jemand anderes gekommen wäre: Sie legte den Wecker in einen Kochtopf, gab Wasser und Waschmittel dazu und kochte ihn einfach aus.

Einen Wecker kochen?

Alle Leute im Haus sahen sich das kopfschüttelnd an und meinten, nun habe Oma wohl den Verstand verloren. Sie selbst aber war der schlichten Meinung, an so einem alten Ding sei ohnehin nichts mehr verkehrt zu machen, Sauberkeit hingegen hätte schon so manches Mal genützt. Zunächst sei doch erst einmal das Ergebnis abzuwarten!

Nach dem Auskochen versäumte sie nicht, den Wecker mehrmals tüchtig auszuspülen und anschließend zum Trocknen in den warmen Backofen zu stellen. Danach ölte unsere wackere Oma das ganze Getriebe mit all den vielen Zahnrädchen, Federn und Schrauben sorgfältig mit feinem Nähmaschinenöl ein und zog das solcherart gepflegte Werk auf. Und siehe da, der Wecker ging wieder!

Er sicherte noch mehrere Jahre lang ein pünktliches Aufstehen der Familie am Morgen.

Aus: „Damals bei Oma und Opa. Zeitzeugen erinnern sich an ihre Großeltern."

[Sulzbach-Rosenberg, Oberpfalz; 1945–1955]

Helga Kamm

Geschichten vom Rübezahl und Butterbrote

Eine eigene Oma habe ich nie kennengelernt. Die beiden, die ich hatte, waren schon vor meiner Geburt gestorben. Aber ich hatte die Oma Fuchs, zehn Jahre lang. Oma Fuchs kam aus Schlesien. Zusammen mit einer nicht verheirateten Tochter, mit Sohn, Schwiegertochter und zwei Enkelkindern in meinem Alter wurde sie 1945 im Haus meiner Eltern einquartiert. Flüchtlinge waren sie. Das Wort hatte damals für mich keine Bedeutung, ich war zwei Jahre alt.

Wenn ich heute sehe, lese, reden höre über Flüchtlinge, Asylsuchende, Menschen, die zu uns kommen, weil sie ein besseres Leben erhoffen, wenn ich Abneigung beobachte, Neid, ja Haß, dann frage ich mich, warum das damals so anders war. War es anders, oder sind mir, dem Kind, die Probleme nur nicht bewußt geworden?

Gab es Probleme? Ging es so gut, weil alle arm waren?

Wir waren arm, meine Eltern, mein Bruder und ich, jedenfalls nach heutigen Maßstäben. Aber wir hatten Haus und Garten, ein paar Hühner, manchmal ein Schwein.

Die Flüchtlinge hatten nichts, zunächst einmal. Die vierköpfige junge Familie Fuchs bekam in unserem Haus zwei Zimmer und eine Kammer, Oma Fuchs und ihre Tochter Liesel zusammen ein Zimmer. Unsere Familie und auch die bisherigen Mieter im Haus, ein Ehepaar und eine ältere Frau, waren enger zusammengerückt. Keiner wehrte sich dagegen, alle vertrugen sich. Ob es tatsächlich so war, immer so war, ich weiß es nicht. Für uns Kinder jedenfalls war diese Enge, dieses intensive Miteinander wunderschön. Mein Bruder und ich hatten über Nacht mit Hanne und Uli Fuchs zwei Spielkameraden, fast zwei Geschwister, bekommen. Und: Wir hatten Oma Fuchs, eine Oma!

Oma Fuchs, sie hieß Juliane, war alt. Sie mag damals vielleicht in dem Alter gewesen sein, in dem ich heute bin – für mich war sie alt. Wenn ich mir ihr Bild in Erinnerung rufe, sehe ich sie klein und rundlich, das graue Haar zu einem Knoten zusammengesteckt, meist eine Kleiderschürze und Pantoffeln tragend. Ihre Sprache war anders als unsere oberpfälzische, aber ich verstand sie. Und je älter ich wurde, desto mehr Ausdrükke übernahm ich von ihr. Irgendwann konnte ich auch so reden wie sie oder die anderen Flüchtlinge: nicht mehr oberpfälzer Dialekt, sondern, wenn auch ein wenig schlesisch gefärbt, nach der Schrift. Das war einer der vielen Vorteile dieses Zusammenlebens mit Menschen aus einer anderen Ecke Deutschlands.

Es gab viele andere Vorteile. Der wohl größte: Oma Fuchs hatte Zeit. Während meine Eltern Heu einfuhren, Äpfel ernteten, der Vater Bäume beschnitt und die Mutter den Hühnerstall ausmistete, saß Oma Fuchs auf der Bank im Hof, paßte ein wenig auf uns Kinder auf, beantwortete Fragen, erzählte Geschichten.

Ich liebte ihre Geschichten. Sie ließ den Riesen Rübezahl vor meinen Augen lebendig werden, malte seine furchterregende Gestalt und seinen roten Bart, den knorrigen Stock und das Erschrekken der Menschen, die ihm in den Wäldern des Riesengebirges begegneten. Aber der Rübezahl war gut. Was er Gutes tat, wem er half, das weiß ich heute nicht mehr. In meiner Erinnerung war und ist er der gute Berggeist.

Wenn es nicht Sommer war, saßen wir bei Oma Fuchs in der Stube, in ihrer wundervollen Stube. Zwei Betten gab es da, einen Tisch, Stühle, einen Schrank, eine Kommode und einen Herd. Eng war es, und wenn die Dämmerung hereinbrach, dann

1949 kam ich zur Schule. Oma Fuchs hatte eigens Mohnkuchen gebacken, um mir ein Stück davon in meine Schultüte stecken zu können.

schürte sie den Herd an. Dann wurde es warm und gemütlich. Sie machte uns Tee und strich Butterbrote. Und wenn sie dann noch eine Geschichte erzählte, dann war diese Stube der schönste Platz und wir waren die glücklichsten Kinder auf Erden.

Ich habe Oma Fuchs nie klagen hören über ihr Schicksal, wenngleich sie oft davon erzählt hat, was sie zu Hause zurücklassen mußte. Sie lebte in der Gegenwart, interessierte sich für ihre zweite Heimat, auch für das Weltgeschehen.

„Jetzt politisieren sie wieder“, habe ich meine Mutter oft sagen hören, wenn Oma Fuchs mit meinem Vater über Adenauer sprach, über Kriegsgefangene und Heimkehrer, über die junge Demokratie.

Mit meiner Mutter hatte sie andere Themen: Schlesische Mohnklöße, „Schlesisches Himmelreich“, Streuselkuchen, der Karpfen zu Weihnachten, bayerische Küchel. Sie tauschten Rezepte aus und profitierten voneinander. Viele schlesische Gerichte lernten wir kennen und lieben. Es gab sie auch später noch auf unserem Tisch, als „unsere Flüchtlinge“ nicht mehr bei uns waren.

Ja, meine Oma Fuchs war nur eine Oma auf Zeit. Zehn Jahre lang lebte sie in unserem Haus, immerhin meine Kindheit lang.

Es kam die Zeit des Wirtschaftswunders, der Sohn und seine Familie bauten ein Haus, Oma Fuchs und Liesel fanden eine schöne Wohnung. Und wir waren wieder allein. Zwölf Jahre war ich alt, als wieder mehr Platz war im Haus, aber auch

Leere. Mein Bruder und ich bekamen eigene Zimmer, aber vorbei war die Zeit der Märchen und Butterbrote.

Es war eine schöne Zeit. Das ist nicht nur meine Erinnerung, oft habe ich diesen Satz auch aus dem Mund von Oma Fuchs gehört, später, wenn wir uns wiedertrafen.

Noch später, im Pflegeheim, wußte sie nichts mehr davon, erkannte sie mich nicht mehr.

Manchmal komme ich an ihrem Grab vorbei und bleibe kurz stehen. Sie war meine Oma, die einzige, die ich hatte.

Aus: „Nachkriegs-Kinder", Reihe ZEITGUT, Band 2.

[Hannover, Niedersachsen; 1968]

Erika Roba

Das verpatzte Rendezvous

Ich wuchs als Einzelkind bei meiner Großmutter Lotti auf, stets gut behütet und beschützt. Meine Eltern waren eifrig damit beschäftigt, immer neue Trinkhallen im gesamten Stadtgebiet von Hannover aufzubauen. Da blieb für eine Tochter nicht allzuviel Zeit.

Oma war ein sehr mütterlicher, aber auch ängstlicher Typ. Im Teenageralter mußte ich, im Gegensatz zu meinen Freundinnen, stets bei anbrechender Dunkelheit wieder zu Hause sein. Da half kein Betteln und Flehen. Wenn alle zur Disco in das um die Ecke liegende Freizeitheim marschierten, saß ich brav zu Hause in meinem Zimmer und beschäftigte mich mit meinem Hamster.

„Abends kommen die Jungen nur auf dumme Gedanken! Und in der Disco ist die Verführung zu groß! Denke daran, deine Mutter hat dich schließlich schon mit siebzehn Jahren bekommen, weil sie sich vergnügen wollte und nachts aus dem

Fenster entwischte“, bekam ich von Oma zu hören.

So streckte ich wohl oder übel meine Fühler zum männlichen Geschlecht in den Nachmittagsstunden aus. Ich war fünfzehn Jahre und ging das letzte Jahr zur Schule, als ich Jochen, meinen ersten Freund, kennenlernte. Nach den mehr schlecht als recht gemachten Schularbeiten traf ich mich nachmittags regelmäßig mit meiner besten Freundin Hannelore. Wir spazierten durch unser Viertel oder klönten mit anderen Jugendlichen.

Oft standen wir an dem Kiosk der Straßenbahnendhaltestelle und beobachteten neugierig die Passanten. Über andere zu lästern war unser größter Spaß. Wir gluckſten und kicherten wie alberne Hühner.

Als wir einmal über den Riesenbusen einer Frau und ihren zu kleinen Ringelpullover in Schockfarben spotteten, stoppte eine männliche Stimme hinter meinem Rücken unsere Lacherei.

„Ihr beide habt wohl nichts Besseres zu tun, als euch über fremde Menschen lustig zu machen? Das tut man aber nicht.“

Verdutzt drehten Hannelore und ich mich nach dem jungen Mann um.

„Das dürfte dir doch wohl egal sein, was Erika und ich mit unserer Zeit anfangen“, entgegnete Hannelore flappsig.

„Aha, du bist Erika mit dem blonden Engelshaar“, antwortete er belustigt und reichte erst mir und dann meiner Freundin die Hand. „Ich bin der Jochen und höre euch schon eine geraume Zeit zu. Kommt, ich lade euch beide zu einer Cola ein!“

Jochen lachte, was seine entzückenden Grübchen noch tiefer erschienen ließ.

Wir saßen fast zwei Stunden zusammen draußen vor dem Eiscafé, als meine Großmutter wie ein Geist vor uns stand und dem Ganzen ein Ende bereitete. Jochen zog mich noch schnell am Ärmel und steckte mir heimlich einen Zettel zu.

Mit hängendem Kopf trottete ich notgedrungen meiner Oma hinterher nach Hause. Hannelore leistete mir Beistand und folgte.

In meinem Zimmer holte ich eilig den Fetzen Papier aus der Hosentasche – Röcke durfte ich nicht tragen, denn sie zeigten zuviel Bein! – und las die drei Zeilen. Juchzend sprang ich hoch vom Bett und wirbelte die verdutzte Hannelore durch den Raum. Jochen wollte sich morgen mit mir allein im Park treffen, nachmittags um 15 Uhr bei der Bank unter der großen Eiche.

Hannelore bremste meinen lauten Jubel, so daß Oma ihn nicht hören konnte. Schnell wurde ich leiser, und wir redeten über meine erste Verabredung mit einem Jungen, bis Hannelore nach Hause mußte.

In der Nacht träumte ich von einem dunkelblonden Burschen mit furchtbar süßen, braunen Rehaugen.

Als ich am nächsten Tag aus der Schule kam, flitzte ich sofort ins Bad, um meine langen Haare zu waschen und mir eine frische Bluse anzuziehen. Dabei trällerte ich fröhlich ein Beatleslied.

„Kind, warum machst du dich so schick?

Es ist doch mitten in der Woche!

Hast du was Bestimmtes vor?“ fragte meine Großmutter erstaunt.

„Nein, nein, wir treffen uns bei Hannes Eltern. Und da will ich nur ordentlich aussehen“, log ich stotternd.

Eine leichte Röte überzog mein Gesicht. Lügen haßte ich, aber was sollte ich sonst sagen?

Bei der Wahrheit hätte Oma mir garantiert Stubenarrest verpaßt. So schüttelte sie zwar verwundert ihren Kopf, ließ mich aber ziehen.

Mit klopfendem Herzen und leichtem Magenkribbeln kam ich im Park an. Jochen saß bereits auf der verabredeten Parkbank. Selbst das Wetter spielte mit, die Sonne lachte. Schüchtern begrüßten wir uns, und ich senkte verlegen meinen Kopf. Mit Jungen hatte ich noch keinerlei Erfahrung und mit einer Verabredung schon gar nicht.

Zuerst verlief das Gespräch stockend, dann aber wurde unsere Stimmung immer gelöster, bis wir unbeschwert miteinander scherzen konnten. Nach einiger Zeit wurde Jochen zusehends mutiger und legte seinen Arm um meine Schulter. Erschaudernd ließ ich es geschehen. Mein Herz klopfte wie wild bis zum Hals, denn ich dachte, daß er mich gleich küssen würde.

„Schau mal, was kriecht denn dort drüben aus dem Gebüsch? das sieht ja eigenartig aus!“, rief Jochen plötzlich und zeigte auf die Sträucher.

Verdutzt folgte ich mit den Augen Jochens ausgestrecktem Arm. Einen kurzen Augenblick glaubte ich, daß aus dem Gebüsch ein größerer Hund krabbelte. Doch dann wurde mir eiskalt, und ich erstarrte!

Was da auf allen Vieren behangen mit kleineren Zweigen und Blättern hervorkroch, war meine 66jährige Großmutter Lotti!

Hastig schüttelte ich Jochens Arm von meiner Schulter und spurtete von meinem Platz hoch. Jochen begriff noch gar nichts und blickte zuerst auf meine nahende Oma, dann ungläubig auf mich.

„Habe ich dir nicht verboten, sich mit einem Jungen zu treffen, und dann auch noch allein! Mach, daß du nach Hause kommst, aber dalli, dalli!“, schimpfte meine Oma wutschnaubend und wedelte dabei kräftig mit einem Zweig.

Drohend kam sie näher gerannt, ihre Wangen waren gerötet von der Anstrengung.

Jochen begann zu schmunzeln. Zuerst fand er es eigentlich nur komisch, aber als er mein Gesicht ansah, wurde er sofort ernst. Er sah, daß ich Panik hatte und versuchte, mich mit zärtlicher Stimme zu beruhigen, denn schließlich könne meine Oma mir ja nicht den Kopf abreißen.

Das Foto zeigt meine Oma vor einem Schiffsausflug in Amsterdam 1976.

Mit einem „Tschüß, wir sehen uns!" nahm ich meine Beine in die Hand und lief nach Hause. Zu Hause ging ich in die kleine aber gemütliche Küche und trank gierig ein großes Glas Wasser.

Da erschien auch schon meine Oma auf der Bildfläche und schnaubte herein. Sie griff sich den erstbesten Gegenstand – einen Kleiderbügel – und kam auf mich zu. Ich ergriff die Flucht und raste um den Küchentisch, meine Großmutter hinterher. Das kam mir zu witzig vor, und ich begann zu lachen. Leider brachte dies Oma Lotti noch mehr in Rage, und sie schrie: „Ich kriege dich schon noch!“

Mutig hastete ich an ihr vorbei in mein Zimmer und schloß ab.

Eigenartigerweise ließ sie mich nun in Ruhe, schimpfte nur im Flur, daß ich den Bengel nie wiedersehen werde, denn dafür wäre ich noch viel zu jung.

Selbstverständlich sahen wir uns wieder – heimlich zuerst. Aber nach einem halben Jahr gab meine Oma auf, und Jochen und ich durften uns sogar bei uns zu Hause sehen, allerdings nie in meinem Zimmer, sondern nur in Omas Beisein in ihrer guten Stube. Sie befürchtete meine Verführung.

Wenn ich dies meinem heutigen Ehemann und meinem elfjährigen Sohn erzähle, krümmen wir uns vor Lachen bei der Vorstellung, wie meine arme, alte Großmutter wie ein Hund aus dem Gebüsch gekrabbelt kam, übersät mit Zweigen und Blättern!

Aus: „Damals bei Oma und Opa. Zeitzeugen erinnern sich an ihre Großeltern.“

[Worpswede im Teufelsmoor, Niedersachsen; 1938]

Liesel Hünichen

Holundersekt und Buchweizenpfannkuchen

Anläßlich eines Telefoninterviews erinnerte ich mich daran, wie mir das – mit Abstand beste – Erfrischungsgetränk meines Lebens kredenzt wurde. Es ist nicht jedermann bekannt. Sein Name erweckt falsche Vorstellungen und wird ihm trotzdem gerecht. Es heißt Holundersekt und ist ein moussierendes Saftgetränk, das nicht die schwarzen Beeren als Grundlage hat, sondern die würzig duftenden, weißen Blütendolden des Holunderstrauches, dem geheimnisvollen „Machangelbaum" der deutschen Märchen. Ich lernte es Ende der dreißiger Jahre im Teufelsmoor bei Bremen kennen.

An einem heißen Sommertag fuhr ich mit dem Fahrrad einen jener langen, hellen Sandwege entlang, die ins Moor führen; immer weiter und weiter bis an einen unendlichen Horizont. Ich fand dort ein paar Häuser am Wegesrand, als ich der

Moorkate zustrebte, die während der Zeit meiner Einberufung als Arbeitsmaid beim Reichsarbeitsdienst acht Wochen lang meine Arbeitsstelle war.

In einem der Häuser hatte ich so etwas wie eine kleine Backstube entdeckt. Es gab dort Rosinenbrötchen und Schnecken zu kaufen, das Stück zu drei Pfennig, denn sie waren vom Tag zuvor.

Die Bäckerin, eine mütterliche, dunkelhaarige Frau, war anscheinend von Mitleid ergriffen mit dem zarten Mädchen auf dem großen Fahrrad, das bei großer Hitze die hügelige Sandpiste entlangfahren mußte. Sie kredenzte mir zur Rosinenschnecke ein helles, perlendes Getränk im Wasserglas – ganz kostenlos. Sicherlich wußte sie, daß das Tageseinkommen einer Arbeitsmaid zwanzig Pfennig betrug.

Ich muß darauf wohl mit solch offensichtlicher Begeisterung reagiert haben, daß mir auch an den nächsten brütendheißen Tagen, in denen ich an dem Häuschen vorbeikam und Rosinenschnecken kaufte, ein Glas Holundersekt von der freundlichen Frau gestiftet wurde, ein unvergessenes Erlebnis selbstloser Freigebigkeit einfacher und herzlicher Menschen.

Im ehemaligen Moordorf Worpswede, das um die Jahrhundertwende und auch damals, 1939, noch eine bekannte Künstlerkolonie war, gab es aber nicht nur armselige Katen. An seinem Rande lagen die grüngestrichenen Baracken des weiblichen Reichsarbeitsdienstes. Im Ort standen wunderschöne alte, reetgedeckte Bauernhöfe. In einem solchen war ich – im krassen Gegensatz zur Moorkate – anschließend für vier Wochen eingesetzt.

Der Bauer war ein „Herr“, selbstbewußt und gebildet. Es war ein reines Vergnügen für mich, mit ihm aufs Feld zu fahren und unterwegs die Pferde, deren Zügel er mir herablassend überließ, lenken zu dürfen.

Doch war mein Arbeitsfeld die Küche, deren Installationen durchaus dem historischen Alter des Hauses entsprachen. Ich sehe mich noch im Sonnenschein draußen im Hof vor der Küchentür vor zwei riesigen Zinkwannen mit heißem Wasser stehen, daneben fettige Geschirrstapel auf niedrigen Holzregalen.

Ich hatte gerade ein wunderbares Gericht kennengelernt: Buchweizenpfannkuchen, hauchdünn und knusprig gebraten, mit Apfelmus und Preiselbeeren. Die Pflanzen, die das unbekannte Mehl dazu lieferten, waren mir schon begegnet, als ich an meinem ersten freien Sonntag wißbegierig die Gegend erkundet hatte und dabei auf den berühmten Weyerberg gestiegen war. Er war die einzige Erhebung in der brettplatten Moor- und Heidelandschaft. Ein mir unbekanntes, halbmannshohes Knöterichgewächs hatte die zundertrockenen Hänge und Dellen des Berges überwachsen, und ich erfuhr, daß es Buchweizen hieß. In meinem heimatlichen Münsterland mit seinen fruchtbaren Äckern war es unbekannt.

Der Knöterich-Mehlpfannkuchen waren in Speck gebacken und schmeckten wunderbar. Jedenfalls fand das Tyras auch – oder hieß er Nero? –, die riesige, hellgelbe Deutsche Dogge meines Bauern. Gravitätisch stand er vorm Geschirrstapel und leckte mit seiner riesigen breiten Zunge sorgsam Teller und Schüsseln ab, woran ich ihn nicht zu hindern und wegzuschubsen wagte. Ich kannte ihn noch nicht und war von seiner Größe eingeschüchtert. Die Teller wurden von ihm so blank geleckt, daß ich mir eigentlich den Abwasch hätte sparen können. Trotzdem versenkte ich sie pflichtbewußt in eine große Wanne mit IMI, dem gebräuchlichen Abwaschmittel, und rieb sie trocken.

Aus: „Gegessen wird immer. Band 1."

[Lübeck – Schwartau, Schleswig-Holstein, 1942]

Florentine Naylor

Kriegsdienst im Schlaraffenland

1942 hatten auch wir Abiturientinnen einen Teil unserer Sommerferien dem Kriegsdienst zu opfern. Die großen Werke im Lübecker Umfeld hatten Hilfskräfte angefordert – oder waren sie ihnen aufoktroyiert worden?

Wir Schülerinnen wußten es nicht, gingen aber brav und ohne Murren jede zu der ihr vorgeschriebenen Arbeitsstelle. Ich wohnte damals in Lübeck vor dem Mühlentor und sollte mich bei den „Schwartauer Werken“ melden. Es war derzeit und ist noch heute eine Firma, die sich mit der Herstellung von Marmelade und Süßigkeiten aller Art befaßt. Das erschien mir doch sehr viel attraktiver als die Arbeit bei Betrieben, die Gasmasken oder Patronenhülsen herstellten. Auch dort waren Schülerinnen angefordert worden, aber ich hatte einfach Glück gehabt und stellte mich pünktlich beim neuen Arbeitsgeber vor. Es gab allerdings auch hier einen Reisberg, der zu überwinden war, bevor man das Schlaraffenland erreichte, und das war der weite Weg von Lübeck Ost bis nach Schwartau und mit ihm die verlangte Pünktlichkeit. Natürlich gab es eine Straßenbahn, und es gab auch eine Bahnstrecke. Aber alles war viel zu umständlich. Das Fahrrad blieb die beste Möglichkeit, und so machte ich mich fortan in herrlicher Morgenfrühe auf, um die großen backsteinfarbenen Fabrikgebäude in Schwartau, dem erst später der Status des Bades zuerkannt wurde, zu erreichen. Es war Sommer, man trug die leichten Kleider mit kurzen Ärmeln, und wenn es nicht gerade regnete, war die morgendliche Fahrt zum Jubeln schön.

Dort angekommen banden wir Mädchen Schürzen und Kopftücher um, an Gummihandschuhe kann ich mich nicht erinnern. Ob es diese praktischen und hygienischen Hilfen schon gab, weiß ich nicht. Wir waren auf jeden Fall sehr unbesorgt und ließen uns staunend durch die verführerisch duftenden Räume führen, in denen die verschiedensten Marmeladen in großen Kesseln brodelten und gerührt wurden. Auch die Herstellung von Bonbons fanden wir aufregend, und sahen dem arbeitenden Personal gern eine Weile zu. Alle waren überaus freundlich und aufgeschlossen, beantworteten unsere Fragen und ließen uns gelegentlich auch mal naschen.

Schließlich wurden wir an einen langen Tisch gebeten, an dem uns unsere Arbeit erklärt wurde. Wir sollten bereits verpackte Marzipan- und Nougatbrote in Geschenkkartons einordnen. Ein herrlicher Job. Uns wurde erlaubt, von diesen Köstlichkeiten nach Belieben zu essen. Darum nahm niemand mehr Frühstücksbrote mit, was unseren Müttern sehr zugute kam, hatten sie doch zu dieser Zeit schon ziemliche Probleme mit der Versorgung. Alles gab es nur auf Lebensmittelkarten, und das reichte bei heranwachsenden Kindern oft vorn und hinten nicht. Nun legten wir einfach ein Marzipanbrot auf ein Nougatbrot wie eine Klappstulle und aßen beides mit größtem Appetit.

Marzipan, das war im Lübeck unserer Kindheit etwas fast Alltägliches gewesen. Zu jedem Weihnachtsfest gab es davon so viel, daß wir Kinder es auch als Knetmaterial benutzten. Und wenn es dann von unseren Händen bräunlich-schwarz geworden war, mochten wir es nicht mehr essen.

Eine meiner Klassenkameradinnen hatte mit mir ein Internat besucht. Ihr Vater besaß in Lübeck-Stockelsdorf eine Marzipanfabrik und sandte uns jeden Monat große Blöcke von Marzipan und Nougat. Das war auch schon vor dem Krieg ein Fest, und das Zimmer dieses Mädchens war an solchen Tagen von Freundinnen dicht umlagert.

Inzwischen aber hatte ich Marzipan- und Nougatbrote schon jahrelang nicht mehr zu Gesicht bekommen, geschweige denn gegessen. Kein Geschäft bot Derartiges mehr an, und wenn sich farbenprächtige Kartons in den Auslagen befanden, waren es leere Attrappen. Hier in Schwartau aber gab es alles noch im Hülle und Fülle. Die gepackten Kartons waren eine Augenweide, und wir fragten uns verwundert, für wen sie wohl bestimmt sein mochten. Es gab offensichtlich noch Menschen, denen auch jetzt noch alles zu Gebote stand.

Die armen Klassenkameradinnen, die Gasmasken und anderes Kriegsmaterial bearbeiten mußten, klagten über gräßlichen Lärm, unangenehme Materialien und rauhe, schmerzende Hände. Wir bedauerten sie sehr und schämten uns ein wenig unseres unverdienten Glückes.

Mein Problem aber waren meine Mutter und die beiden jüngeren Brüder, die mich um mein Schlaraffenland beneideten. Zu gern hätte ich auch ihnen etwas Leckeres besorgt, aber es war streng verboten, irgendwelche Waren mitzunehmen. Und das Einhalten dieser Vorschrift wurde kontrolliert. Man hatte bei Feierabend an einer Strippe zu ziehen, die mit einem Glöckchen verbunden war. Schlug das Glöckchen an, so mußte man zur Leibesvisite in einen Raum an der Pforte. Trotz meiner großen Angst vor dem Glöckchen, konnte ich es doch nicht lassen, über Möglichkeiten des Stibitzens nachzudenken. Die Satteltasche meines Fahrrades vielleicht?

Fünf bis sechs Bonbons hätte sie wahrscheinlich gefaßt. Die andere Möglichkeit waren die Puffärmel meines Sommerkleides. Sie umschlossen den Arm mit einem zuverlässigen Gummiband und würden auch einige Bonbons festhalten können. Ein einziges Mal habe ich es dann tatsächlich auch gewagt, ein paar Süßigkeiten hinaus zu schmuggeln, die bei meiner Familie größte Freude auslösten. Nur, war es die schreckliche Angst, die mir beim Anstehen am Pförtnerhäuschen das Herz bis zum Halse schlagen ließ, wohl wert?

Das Glöckchen blieb stumm, und ich sandte ein dankbares Stoßgebet zum Himmel. Das schlechte Gewissen aber ließ mich diesen Verstoß nie mehr vergessen.

Unser Appetit auf Süßigkeiten ließ bald merklich nach. Die Klappstulle aus Marzipan und Nougat belastete den Magen, der nichts mehr gewöhnt war, und schon bald sehnte man sich nach sauren Gurken. Die von Zucker und köstlichen Aromen geschwängerte Luft tat ein Übriges. Das hatte die Leitung der Fabrik wahrscheinlich vorausgesehen, als sie so großzügig das Naschen erlaubte. Wir lernten, daß Süßes zwar glücklich macht, auf die Dauer aber den Magen übersäuert und an Reiz verliert. Keiner wollte es glauben, daß man sich Süßigkeiten „überessen" kann. Wir aber hatten diese Erfahrungen tatsächlich vorübergehend gemacht. Ich wollte nur, sie hätte länger angehalten!

Wenn ich heute mit meinem Gehwagen an den Schwartauer Werken vorbeihumpele, denke ich an jene „süßen Wochen" gerührt und dankbar zurück.

[Flensburg – Kiel, Schleswig-Holstein; 1946]

Eva Maria Schmeling

Grünkohl im Sommer

Der Zweite Weltkrieg war endlich zu Ende, jedoch gehungert und gefroren wurde immer noch. Auch in der Flensburger Diakonissenanstalt, in der ich arbeitete, lebte es sich nicht besser als draußen in der Stadt.

Einem extrem kalten Winter ohne Heizmöglichkeit folgte ein extrem heißer Sommer. In den Gärten verdorrte das Gemüse, in manchen Beeten ging die Saat gar nicht erst auf.

Eines Tages gab es wieder eine Zeitung, jedoch nur am Wochenende. Eine Kollegin kam zu mir und wies auf eine Anzeige hin. Die Flensburger Schiffahrtsgesellschaft lud ein zu einer Seereise mit der „Alexandra" am kommenden Sonntag nach Kiel. Der Preis betrug fünf Reichsmark, inklusive Mittagessen. Grünkohl sollte es geben.

Ich war skeptisch: „Grünkohl – mitten im Sommer, ich weiß nicht. Wir bekommen doch nur zehn Reichsmark im Monat."

Der Hunger war allerdings groß und kaufen konnten wir uns nichts für unser Geld. Kein trokkenes Brötchen, auch kein Stück Obst, um den Hunger zu stillen. Also, was soll's. Eine Seereise, dazu noch eine sättigende Mahlzeit.

Wir fuhren mit. An Bord war die Hitze erträglich. Mit Musik und Gesang –

„Eine Seefahrt, die ist lustig,
eine Seefahrt, die ist schön ..."

Der Salondampfer „Alexandra", 1908 in Dienst gestellt, macht noch heute Förde- und Sonderfahrten rund um die Flensburger Förde. Er ist der letzte erhaltene Fördedampfer und liegt am Museumshafen Flensburg vor Anker. Foto: Ingrid Hantke, Zeitgut Verlag.

verließ die „Alexandra“ den Flensburger Hafen. Es war in der Tat eine sehr schöne Seereise.

Zwischen 12 und 13 Uhr wurde das Mittagessen serviert. Uns schmeckte das Essen. Wir waren ja auch nicht verwöhnt. Zu dem Grünkohl gab es Speckschwarten und Schweinerippchen, die wir genußvoll abnagten. Eine Fleischmahlzeit kannten wir schon lange nicht mehr. Nun konnten wir uns endlich einmal richtig sattessen. Nach dem Mittagessen bekamen wir eine Tasse Bohnenkaffee und ein kleines Stück Kuchen, das war ein enormer Luxus. Alle waren fröhlich und niemandem war schlechtgeworden.

Als wir in Kiel von Bord gingen, wurden wir von zwei Matrosen vom Schiff geleitet und mit Händedruck verabschiedet. Sie fragten uns, wie denn das Essen geschmeckt habe.

„Danke, sehr gut“, war meine Antwort, „aber Grünkohl war es nicht.“

Da lachten beide: „Nein, es war eine Brennesselmahlzeit.“

[Hamburg;
April 1947]

Claus Cammann

„Die sollst du ganz alleine essen!“

Es gibt Dinge im Leben, die sich so tief in das Gedächtnis eingegraben haben, daß man sie nie wieder vergißt. Und das sind nicht nur die großen, dramatischen Ereignisse, die wohl niemandem erspart bleiben, sondern oft kleine, für sich betrachtet belanglose Erlebnisse, die dennoch für den Betroffenen einen unauslöschlichen Eindruck hinterlassen haben. Mein Konfirmationsgeschenk 1947 gehörte dazu.

In der ersten Nachkriegszeit in einer Großstadt wie Hamburg leben zu müssen, bedeutete für die Mehrzahl der Deutschen bittere Not und Armut. Mein Vater war, als kleiner Nazi denunziert, verhaftet worden und saß seit zwei Jahren in einem Internierungslager. Wir wußten nicht einmal wo. Nachricht erhielten wir erst später. Meine Mutter, mein zwei Jahre älterer Bruder und ich, aus unserer Wohnung vertrieben, waren bei einer Tante untergekrochen. Ein 13 Quadratmeter großer Wohnraum mit einem Kanonenofen, dessen Abzug sich durchs Fenster wand, und ein ungeheiztes Schlafzimmer waren alles, was wir besaßen. Der eisige Winter 1947 bescherte uns grimmige Kälte. Wir froren und hungerten, da wir von dem leben mußten, was es damals auf Lebensmittelkarten gab. Und das war herzlich wenig!

Im April 1947 wurde ich 15 Jahre alt.

„Was wünschst du dir eigentlich zur Konfirmation?“ fragte mich Mutter mit einem leichten Augenzwinkern. Trotz der schweren Zeit, die sie besonders hart traf, hatte sie einen Rest von Humor behalten, wenn auch der sarkastische Unterton nicht zu überhören war.

„Ach, überhaupt nichts, Muttchen, das weißt du doch!“ Ich hatte die Zeichen der Zeit schon erkannt.

„Hm!“ machte sie. „Wir müssen uns aber überlegen, wen wir dazu bitten wollen, zumindest das!“ Sie sagte besser nicht „einladen“, in einer Zeit, in der jeder froh war, wenn niemand zum Essen kam. Schon gar nicht ungebeten. Es reichte ja kaum für die Familie!

Wir einigten uns auf insgesamt zwölf Personen, mehr Sitzmöglichkeiten hatten wir ohnehin nicht. Von einem Geschenk war nie wieder die Rede.

Zum Konfirmandenunterricht ging ich trotz der widrigen Umstände ganz gern. Manches Mal saßen wir in Mantel und Schal im ungeheizten

Raum, auch die Kirche bekam nicht genug Kohlen. Unser Pfarrer hatte es nicht leicht, uns die biblischen Geschichten nahezubringen. Die Gegenwart war zu erdrückend!

Von welchen Verbrechen mußten wir jetzt erfahren!Die Schrecknisse des Krieges hafteten noch frisch im Gedächtnis, die Wunden waren nicht vernarbt, Trümmer allerorten.

„Gott läßt nicht mit sich spaßen“, pflegte der Pfarrer zu sagen, „für unsere Sünden müssen wir büßen, wir alle!“ Er versuchte, von den Aussagen der Bibel eine Brücke zur bitteren Gegenwart zu schlagen. „Ihr werdet vieles erst sehr viel später begreifen!“

Der große Tag kam. Der Einzug der Konfirmanden in die Kirche, der Festgottesdienst, die Predigt, die Prüfung vor dem Altar, die Verleihung der Konfirmationssprüche – das alles rauschte an mir vorbei. Trotz der erbärmlichen äußeren Umstände blieb ein erhabenes Gefühl zurück. Über die theologische Bedeutung der Konfirmation hinaus wurde mir auf sehr weltliche Weise bewußt, daß ich nunmehr zu den Erwachsenen zählte und meinen Mann zu stehen hatte. Besonders, was Mutter betraf, nahm ich mir fest vor, ihr etwas von der Last auf ihren Schultern abzunehmen.

Daheim angekommen, dieser Unterschlupf war ja kein wirkliches Zuhause, drängten sich die Verwandten und Freunde in dem einzigen beheizbaren, winzigen Raum. Zum Glück war es nicht mehr ganz so kalt wie in den Vormonaten.

„Herzlichen Glückwunsch, mein Junge!“

„Alles Gute für die Zukunft!“

„...vor allem, daß dein Vater bald wieder zu Hause ist ...!“

So tönte es von allen Seiten. Umarmungen, Küsse, Händeschütteln und manche Träne.

Was folgte, war sicher kein Festessen. Ein dünnes Wassersüppchen, ein winziges Stück Fleisch und – vor allem – ein paar Kartoffeln! Heute kaum vorstellbar, wie man sich damals über eine armselige, kleine Kartoffel freute!

Alkohol hatten wir nicht, doch einer der Verwandten zauberte eine Flasche Sekt herbei, zum Anstoßen. Wir fragten nie, woher diese Flasche wohl stammte. Sonst mußte es ein „Heißgetränk kalt“ – tun, seinerzeit ein bekannter und überaus begehrter Artikel.

Nach der Suppe klopfte meine Mutter an ihr Glas und erhob sich, tapfer ihre Tränen zurückdrängend: „Mein lieber Junge, du weißt, wie sehr ich dir aus tiefstem Herzen alles Gute wünsche, vor allem aber eine bessere Zukunft! Eigentlich sollte heute dein Vater hier stehen ...“

Jetzt konnte sie die Tränen doch nicht mehr zurückhalten. Auch ich verspürte einen Schleier vor den Augen und sah sie nur noch verschwommen. Mutter sprach nur kurz von der leidvollen Vergangenheit und malte dann ein hoffnungsvolles Bild der Zukunft. Sie legte mir Mut ans Herz, ohne den die traurige Gegenwart nicht zu überwinden war. Das prägte sich mir tief ein.

Als Geschenk überreichte sie mir ein vierbändiges Geschichtswerk aus den Beständen meines Vaters, ich besitze es noch heute. Neue Bücher gab es natürlich nicht.

„... und damit wir nicht in Trübsal verfallen", beendete sie ihre Rede, „darf ich dir nun dein Hauptgeschenk ankündigen, das ohne die Mithilfe aller hier am Tisch", sie wies mit der Hand in die kleine Runde, und die Anwesenden blickten erwartungsvoll drein, „nie zustandegekommen wäre!"

Die Tür ging auf, und mein Bruder, der sich während der Rede hinausgeschlichen hatte, betrat wieder das Zimmer. Stolz hielt er vor sich auf einem Porzellanuntersatz – ja, was denn? – eine Buttercremetorte!

Mit dem dunklen, durch Kaffee-Ersatz getränkten Boden und der strahlend gelben Creme sah sie unwahrscheinlich verlockend aus. Am Tisch wurde es plötzlich ganz still.

Ich erstarrte, dann sprang ich auf und stürzte voller Freude auf meine Mutter zu. Ihr letzter Satz: „Die sollst du ganz alleine essen!" wurde durch meine stürmische Umarmung fast erstickt.

Auch bei allen anderen bedankte ich mich mit Tränen in den Augen. Hatten diese lieben Menschen doch wochenlang Fettmarken gesammelt, sich fünfgrammweise buchstäblich vom Munde

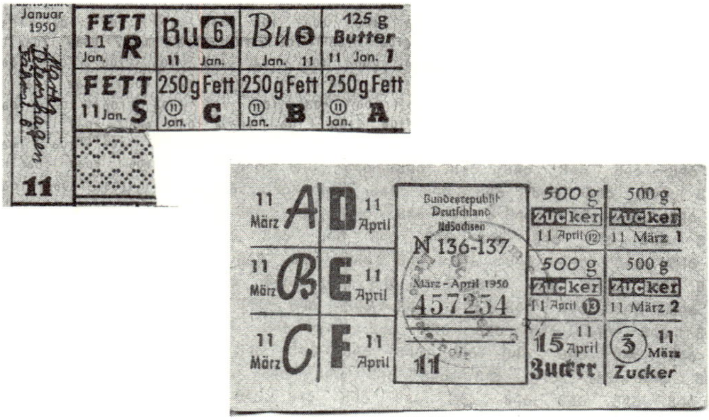

Ein ungewöhnliches Konfirmationsgeschenk: Solche Fett- und Zuckermarken hatten meine Verwandten und Mutter für meine Buttercremetorte gesammelt.

abgespart, um mir an meinem Ehrentag dieses wunderbare Geschenk machen zu können!

Das Zimmer leerte sich bald, man ging in diesen Tagen früh nach Hause. Alle Beschwörungen, doch am Tortenmahl teilzunehmen, wurden strikt zurückgewiesen, so schwer es manchem sicher fiel.

Natürlich gab ich meiner Mutter und meinem Bruder ein ordentliches Stück ab. Den Rest aber verzehrte ich in den nächsten Tagen voller Behagen allein.

Eine Buttercremetorte ist wohl niemals mehr gewürdigt worden als in jenen denkwürdigen Tagen im April 1947. Übrigens: Buttercremetorte esse ich heute noch gern.

Aus: „Hungern und hoffen“, Reihe ZEITGUT, Band 10.

[Köln/Rhein;
September 1947]

Hans Engels

Pflaumenkuchen

„Jetzt hat man mal Geld, aber was nützt das schon, wenn es nichts wert ist!“

Mutter machte dem Ärger in ihrem Herzen Luft. Allen Unmut schien sie aufgesammelt zu haben, denn sie schimpfte in einem fort. „Man kann ja doch nichts dafür kaufen. Es ist ja nichts da!“

Vater schien das alles wenig zu berühren, wenngleich auch ihm der Magen heftig knurrte: „Es gibt Leute, denen es viel schlechter geht als uns, Menschen, die wirklich Hunger leiden! Wir haben wenigstens noch unseren Garten, ja und dann“, er lächelte verschmitzt, „manchmal findest du ja auch noch etwas in meiner Tasche.“

Woher Vater die kleinen Schätze hatte, hat er nie verraten. Es blieb sein wohlgehütetes Geheimnis. „Es ist wie in den Märchen“, meinte er, „man muß darüber schweigen. Jedes unvorsichtige Wort läßt die Quelle versiegen.“

Wenn er aber abends nach Hause kam, fiel ich über ihn her und durchstöberte seine Tasche.

Oft war sie leer, und wir waren alle traurig. Manchmal konnte ich aber einen kleinen Schatz bergen, eine Tüte Zucker oder Mehl oder gar ein Brot, Margarine. Einmal hatte er dreißig Tütchen Vanillezucker organisiert. Das roch so gut.

Die Flasche mit Lebertran hingegen roch abscheulich. Als Mutter dann auch noch uns allen einen täglichen Löffel davon verordnete, war der Friede in unserer Familie für eine Weile ausgezogen. Es ist schon erstaunlich, was solch ein Gesundheitsgetränk alles anrichten kann!

In der letzten Woche hatte ich meist vergeblich in Vaters Tasche geschaut. Nur einmal steckte ein Stück Stoff darin, aus dem mir Mutter später einen Schlafanzug nähte.

Doch letzten Freitag war die Tasche so dick, daß sie fast zu platzen drohte. Ich mußte mich anstrengen, sie auf den Tisch zu heben. Die Spucke lief mir im Mund zusammen, so daß ich sie kaum halten konnte. Ein kleiner Tropfen entwischte und tropfte vom Kinn herab.

Vater lächelte. Dann half er mir, die Tasche zu öffnen, denn er meinte, Vorsicht wäre schon vonnöten. Zwei Tüten waren in der Tasche, und jede Tüte war gefüllt mit Getreidekörnern.

„Einmal Weizen und einmal Roggen!“ strahlte Vater und stellte die beiden Tüten auf den Tisch.

„Alles Körner! Was sollen wir denn damit machen?“ Ein wenig enttäuscht war ich schon.

Vater aber war guter Dinge.

Zum Abendessen dämpfte Mutter wieder Kartoffeln aus unserem Garten, und dann holte Vater die Kaffeemühle. Er zog die kleine Lade heraus, stellte dort im Innern an einer Flügelschraube und schob die Holzlade wieder hinein. Nun schüttete er Weizenkörner aus der Tüte oben in die Mühle und begann zu drehen. Damals glaubte ich, er müsse die ganze Nacht drehen, denn die Körner in der Mühle schienen überhaupt nicht weniger zu werden.

Irgendwann hatte er diese erste Füllung doch durchgedreht. Mutter gab den Inhalt der kleinen Schublade in ein feinmaschiges Sieb und schüttelte kräftig. In dem Sieb blieben gelbbraune, dünne Schalen zurück. Mutter nannte sie Kleie. Und darunter im Topf lag das Mehl. Der Boden war fein weißbestäubt. Als sie den Staub zusammengeschoben hatte, blickte ich entsetzt in den Topf. Es war noch nicht einmal ein Eßlöffel voll Mehl.

Und dafür mußte man so hart arbeiten!

Ich selbst vermochte die Kaffeemühle mit dem Weizen nicht zu drehen.

Vater muß noch bis spät in die Nacht hinein aus den Weizenkörnern Mehl erzeugt haben, denn am nächsten Morgen meinte Mutter, es würde schon für eine Platte Pflaumenkuchen reichen.

Samstags kam Vater immer schon am frühen Nachmittag von der Arbeit. Unterwegs wollte er noch etwas Hefe bei einem Bäcker organisieren. Ich aber wartete ab Mittag darauf, daß Vater Pflaumen pflückte.

Doch die Zeit wurde mir nicht lang. Ich hockte auf einem Baumstamm und beobachtete die Bienen, Wespen und Käfer, vor allem aber ein Heer von wunderschönen Schmetterlingen, die sich auf den herabgefallenen Pflaumen niederließen, um mit ihrem Rüssel den süßen Saft herauszusaugen.

Der Admiral zeigte mir sein samtschwarzes Gewand. Es war, als ob er sich vor mir ausbreite, um mir seine Schönheit zu zeigen. Würdig bewegte er, langsam auf- und abwippend, seine Flügel mit den roten Bändern und den weißen Punkten. Mit einem Mal wurde er aber doch ungeduldig, erhob sich und suchte, stets auf seine Würde bedacht, eine neue, nahrhafte Quelle.

Währenddessen tanzten einige Kohlweißlinge ihr übermütiges Spiel. Der Zitronenfalter, viele kleine Füchse und Bläulinge kamen zu Besuch, und ein einziges Mal ein großer gelber Falter mit zwei roten Punkten, dem ich gerne eine Weile zugeschaut hätte, aber er entschwebte bald wieder über Nachbars Zaun und entschwand. Vater meinte später, dies sei wohl ein Schwalbenschwanz gewesen.

Die liebsten unter den bunten Freunden aber waren mir die Pfauenaugen. Stundenlang hockte ich zwischen ihnen und freute mich, wenn sie sich auf meine Hand setzten oder auf Hemd oder Hose. – Schauten sie mich nicht ganz vertraut an mit ihren buntschillernden Augen?

Ganz still hockte ich da, damit sie mich nicht verließen.

Es waren wirklich meine Freunde. Einige glaubte ich gar zu erkennen, wenn sie auf mich zugeflogen kamen. Ich hatte sie gezähmt, zutraulich gemacht, meine immer fröhlichen Gesellen.

Als mir die Zeit doch ein wenig zu lang wurde, Arme und Beine eingeschlafen waren, so daß ich sie kaum noch spürte, hauchte ich die Schmetterlinge an oder blies ein wenig. Aber ihre Flügel zitterten nur. Und erst ein heftiger Blasesturm ließ sie auffliegen, für eine Weile jedenfalls.

Schließlich kam Vater mit der Leiter, setzte sie an den Stamm, stieg hinauf, bis dorthin, wo das Astwerk begann, und kletterte nun in den Ästen hoch. Bald sah ich ihn oben im Gipfel; er lachte zu mir herab.

Plötzlich schüttelte er heftig, und eine Menge Pflaumen purzelte herab. Es waren die wurmstichigen und faulen.

Es dauerte nicht lange, da stieg Vater mit gefülltem Eimer wieder herab. Bis der Pflaumenkuchen aber in die Backröhre des Herdes geschoben wurde, war noch eine Menge zu tun und verging noch viel Zeit. Das Heizen des Ofens übernahm Vater selbst. Es war schon eine Kunst, die richtige Glut zu entfachen, damit der Teig zuerst bei geringer Temperatur aufgehen und dann bei Gluthitze gar und an den Rändern knusprig wurde.

Dann endlich war der Kuchen fertig. Im ganzen Haus duftete es nach herrlichem Pflaumenkuchen. Der Duft quälte mich entsetzlich, mein Bauch rumpelte und knurrte vor Ärger. Das war so unerträglich, daß es fast schmerzte.

Bis Sonntagnachmittag mußte ich das noch aushalten. Bis dahin stand der Kuchen auf dem Wohnzimmertisch, sicher vor kleinen und großen Dieben, sicher aber auch vor meinem kleinen Bruder, der zum Mittagsschlaf immer mit seinem Rollenbettchen ins Wohnzimmer geschoben wurde. Wenn er seinen Mittagsschlaf beendet hatte, sollte das Festessen stattfinden. Ach, es war schon eine Qual! Vor sehnsüchtiger Erwartung brachte ich kein gescheites Spiel zuwege. Immer mußte ich an den Pflaumenkuchen denken; er ließ mich nicht zur Ruhe kommen.

Nun war es fast vier Uhr, und mein Bruder war immer noch nicht wach.

Da! Plötzlich ein Scheppern! Es kam aus dem Wohnzimmer. Da, wieder! Und nun rumpelte etwas auf den Boden. Mutter blickte hoch und horchte. Dann sprang sie auf, stürzte ins abgedunkelte Wohnzimmer und riß die Vorhänge auf.

Da stand der kleine Kerl in seinem Bettchen,

lachte uns an und freute sich, daß wir alle da waren. Aber er war über und über mit Pflaumenresten beschmiert. Der kleine Schlauberger hatte einen Zipfel des Tischtuches zu fassen bekommen, die Platte mit dem Kuchen zu sich herangezogen und dann die Pflaumen aufgegessen. Zum Schluß war ihm schließlich das Blech mit dem Teig entwischt und auf den Teppich gefallen. Da lag nun der schöne Pflaumenkuchen neben dem Tisch auf dem Boden, ganz ohne Pflaumen.

Ach, was sollte man da machen? Die Pflaumen waren weg! Und was ist schon ein Pflaumenkuchen ohne Pflaumen?

Vor Wut und Enttäuschung traten mir die Tränen in die Augen. Ich trotzte, stampfte los und wollte mich in mein Bett verkriechen, der Hunger trieb mich aber wieder zurück in die Küche. Und das war gut so, denn Mutter bestrich gerade den Kuchenteig mit Pflaumenmus, das sie vor ein paar Tagen gekocht hatte. Sie hatte ja die wunderbare Fähigkeit, auch mit dem wenigen, das da war, uns eine Freude zu bereiten.

Ein wenig Sorge hatte Mutter allerdings noch um den Bauch des kleinen Pflaumenfressers. „Wenn er sich nur nicht den Magen verdorben hat“, meinte sie.

Aber er hatte Glück, und wir eigentlich auch, trotz alledem.

Aus: „Nachkriegs-Kinder“, Reihe ZEITGUT, Band 2.

[Wittingen, Niedersachsen;
1986 /50er Jahre]

Ilse Oertel

Pilze suchen – Blaubeeren pflücken

Es ist September, der Herbst ist nicht mehr weit. Er hat sich schon mit Morgen- und Abendnebel angekündigt und Spinnweben liegen im Tau über den Sträuchern: das richtige „Pilzwachswetter".

Leider ist das heute so eine Sache mit den Pilzen; verstrahlt sollen sie sein vom Atomunglück. Auch der Fuchsbandwurm ist gefährlich; wenn ein krankes Tier die Pilze berührt hat, sind sie nicht mehr zu genießen. Obendrein gibt es Tierfreunde, die meinen, es sollte überhaupt niemand mehr vom Wege ab und quer durch den Wald gehen, damit das Wild geschützt und nicht verjagt würde. Wenn ich das nun alles bedenken soll, ist mir die Lust vergangen.

Wie gut hatte ich es da als Schulkind! Wenn das richtige Wetter war, holte ich das Fahrrad hervor, klemmte zwei Spankörbe hinten auf den Gepäckträger, und vorne kam noch ein Eimer an die

Lenkstange. In die Tasche steckte ich zwei alte Schürzen, die ich später zum Zubinden der Körbe brauchen würde – und dann ging es los. Schon beim Fahren achtete ich darauf, einen Weg zu wählen, der mich im Wald zu den meisten Pilzen bringen würde. Waren schon Spuren zu sehen, brauchte ich gar nicht anzuhalten; hier war sicher schon alles abgesucht.

Schon früh hatte ich gelernt, bestimmte Zeichen zu erkennen: Standen am Wegesrand Fliegenpilze, die hellroten mit den weißen Punkten, die sehr giftig sind, fanden sich in unmittelbarer Nähe auch Steinpilze. Unter Tannen mit niedrigem Gesträuch und Moos blinkerte es meist gelb hervor: Pfifferlinge. Den etwas lichteren Wald liebten Maronen als Standort. Meine Augen waren beim Fahren immer am Suchen und hatte ich zwei, drei Pilze entdeckt – schnell herunter vom Fahrrad; denn oft standen zehn Pilze und mehr auf einer Stelle. Ohne Wurm, einer schöner als der andere.

Beim Suchen kam ich immer tiefer in den Wald, Angst hatte ich nicht. Manchmal waren die Körbe schon voll, wenn ich noch eine sehr pilzreiche Stelle entdeckte. Wer kann da widerstehen?

Ich jedenfalls nicht, ich sammelte sie alle in meine Schürze. Konnte ich etwa sicher sein, die Stelle später wiederzufinden?

Mit überreicher Ausbeute und hochrotem Kopf vom vielen Bücken und Hasten ging es nach Hause. Die schönsten Pilze kamen in die Pfanne. Mit Speck, Zwiebeln, Petersilie, Butter, Salz und Pfeffer. Dazu gab es ein Stück Graubrot, das schmeckte so gut, daß ich mir alle Finger danach leckte.

Die anderen Pilze sortierten wir für den Pilzaufkäufer, der kurz vor 17 Uhr kam. Am teuersten waren Pfifferlinge und Steinpilze. Von denen gab es aber nicht so viele. Wenn ich mal einen großen Steinpilz gefunden hatte und darin Wurmlöcher entdeckte, habe ich versucht, die Löcher mit einem Messer zuzukratzen. Aber der Pilzaufkäufer war ein Schlauer, der sah genau hin – und schon landete der Schummelpilz wieder in meinem Korb.

Gab es viele Pilze, zahlte der Aufkäufer nur die Hälfte der sonst üblichen Summe. Aber die paar Mark Selbstverdientes waren mein ganzer Stolz. Das Geld sparte ich. Doch einen Groschen genehmigte ich mir für den Kauf eines Mohrenkopfes. Unser Kaufmann wohnte am anderen Ende des Dorfes. Ich ließ meinen Mohrenkopf jedes Mal so langsam und genüßlich auf der Zunge zergehen, daß ich ihn gerade erst aufgegessen hatte, wenn ich wieder zu Hause ankam.

In den Schulferien machte ich mich schon morgens um halb sechs Uhr auf den Weg in den Wald, um nur ja die Erste zu sein. Manchmal zog auch die ganze Familie los. In einem Jahr hatten wir ein Dickicht gefunden, das man nur kriechend durchqueren konnte. Hier standen Unmengen von Steinpilzen. Kiepenweise trugen wir die Pilze heraus. Wir waren so aufgeregt, heute schaffte das ordentlich was!

Aber trotz größten Eifers konnten wir die riesige Menge an einem Tag nicht abernten.

Zeitig am nächsten Morgen, noch eine halbe Stunde früher als sonst, machten wir uns wieder auf zum Pilzesuchen. In unserer Vorfreude rechneten wir schon aus, wieviel Geld uns das heutige Sammeln einbringen würde. Doch als wir unsere Räder gerade abstellen wollten, kam uns Frau „Haafsche" genau aus unserem Pilzbusch entgegen!

Die „Haafsche" nannten wir sie, weil diese Frau immer gute Pilzstellen wußte und beim Verkaufen dann auch die meisten Pilze hatte. Sie trug eine große Kiepe auf dem Rücken und hatte hinten auf ihrem Fahrrad Körbe und an den Lenkstangen zwei Eimer; alles schön zugebunden, aber die Beulen im Tuch verrieten, daß da „unsere" Pilze drin waren. Frau „Haafsche" mußte schon mitten in der Nacht losgefahren sein. Sie guckte uns groß an und sagte: „Guten Morgen, seid ihr auch schon auf den Beinen? In diesen Wald braucht ihr nicht mehr hinein!"

Ja, so war das! Der Wald war für alle da. Aber ich habe mich fürchterlich geärgert: Heute würde nichts aus dem Mohrenkopfessen!

Blaubeeren pflücken

Heute gibt es Blaubeeren frisch vom Markt oder aus dem Supermarkt; im Glas oder aus der Kühltruhe. Gezüchtete Beeren gibt es, zwei- bis dreimal so groß wie die aus dem Wald, wo sie wild wachsen. Das Beste bei den heute gekauften Blaubeeren ist: Man kriegt keinen blauen Mund. Nur schmecken, ihr könnt mir glauben, schmecken, tun die Selbstgepflückten aus dem Wald besser!

„Wo bin ich gewesen?
Nun rat einmal schön!"

„Im Wald bist gewesen,
das kann ich ja sehn.
Spinnenweben am Kleidchen,
Tannadeln im Haar,
das bringt ja nur mit,
wer im Tannenwald war!"

„Was tat ich im Wald?
Sprich, weißt du das auch?"

„Hast Beerlein gepickt
vom Heidelbeerstrauch
O sieh nur, wie blau um das
Mündlein du bist!
Das bekommt man ja nur,
wenn man Heidelbeeren ißt."

Johannes Trojan

Zum Blaubeerenpflücken mußten wir Kinder alle mit. Eine große, alte Schürze wurde uns vorge-

Das Bild oben zeigt meine Mutter mit den Enkelkindern im wilden Blaubeerkraut, das untere meine Eltern und uns Kinder. Da hatten wir schon ein Auto.

bunden und um den Bauch kam ein Strick mit einer kleinen Dose dran. Da hinein sammelten wir die Beeren. Meistens krochen wir auf Knien durch das Blaubeerkraut, um sie zu pflücken. Dabei mußten wir sehr vorsichtig sein, denn faßten wir zu fest an, wurden die Beeren in der Hand zerdrückt. Unsere Mutter wußte sehr gut, warum wir die Dose vor dem Bauch hatten. Diese kleine Dose war ja viel schneller und auch öfter voll als der große Eimer, den die Älteren benutzten. Stolz war jede von uns, wenn sie zuerst ihre Dose voll hatte und ausleeren konnte. Unsere Oma lobte dann: „Was haben wir bloß für ein fleißiges Mädchen!"

Nach einigen Stunden wurde es uns doch langweilig, aber nach Hause ging es erst, wenn die Eimer alle voll waren. Das dauerte meistens den ganzen Tag. Ich pflückte dann nicht mehr so flink wie am Anfang. Es gab ja auch so viel zu sehen. Ganz dicht auf dem Waldboden krochen viele Ameisen, ganz kleine. Es gab auch große und alle liefen schnell hin und her zum Ameisenhaufen.

Oder die Spinnen im Blaubeerkraut. Was die für schöne Muster spinnen konnten! Ich ging ganz vorsichtig herum, um sie nicht kaputt zu treten. Und wenn ich einen Bau gefunden hatte, blieb ich davor stehen und überlegte: Ist das ein Fuchsbau oder ein Karnickelloch?

Vor Karnickeln brauchte ich ja keine Angst zu haben; die gab es auch mal als Sonntagsbraten.

Aber ein Fuchs? – Von dem hatte ich noch nie etwas Gutes gehört. Es war sogar vorgekommen, daß er eins von unseren Hühnern gestohlen hatte. Ich legte mich vor solch ein Loch und schaute hinein. War ich der Meinung, es sei ein Fuchsloch, und obendrein raschelte vielleicht gar noch etwas im Gestrüpp, lief ich schnell weg. Meine Mutter wußte dann Bescheid und lenkte mich ab: „Na, möchtest du ein Hasenbrot haben?"

Hasenbrot war etwas ganz Besonderes! Die Rinde vom Brot war ganz hart und die Wurst darauf, meistens war es Leberwurst, drückte sich schon saftig an den Seiten heraus. Dazu bekam ich einen roten Apfel. Das schmeckte mir so gut! Ich bin nicht dahintergekommen, wo das Hasenbrot herkam. Daß es altes, vom Vortag übriggebliebenes Brot war, habe ich erst später erfahren.

Zu Hause angekommen, schütteten wir die Beeren auf ein großes Leinenlaken; je zwei von uns nahmen es an den Enden hoch und bewegten es vorsichtig nach oben und unten. Dabei flogen die kleinen Blätter heraus, die wir in der Eile mitgesammelt hatten, und die Blaubeeren waren nun fast sauber. Bis zum nächsten Tag brachte sie unsere Mutter zum Abkühlen in den Keller, um dann daraus Marmelade, Saft und Gelee zu machen.

Aber zuerst gab es am gleichen Abend für jeden von uns eine große Schüssel mit Blaubeeren, bestreut mit viel Zucker und mit frischer Milch übergossen. Hmmh, das schmeckte gut!

Bauer, Annemarie, geb. Cording, geb. 1933 in Hiddigwarden, Gemeinde Berne, Landkreis Wesermarsch, ländliche Hauswirtschaftsgehilfin, Büroangestellte.
Beyer, Robert, geb. 1929 in Bottrop, Industrie-Kaufmann, EDV/Org.-Programmierung, seit 1990 Redakteur und Moderator beim Lokalfunk, freier Mitarbeiter bei der Plettenberger Heimatzeitung.
Cammann, Claus, geb. 1932 in Schwerin, Diplomkaufmann, Prokurist und Verwaltungsleiter, pensioniert, Amateurschriftsteller.
Engels, Hans, geb. 1942 in Köln, Elektriker; Studium der Pädagogik u. Theologie; seit 1966 Lehrer, Buchautor.
Haak, Liselotte, geb. 1918 in Berlin, verstorben 2000, staatl. geprüfte Kindergärtnerin und Hortnerin, Vorschullehrerin.
Hünichen, Liesel, geb. Freisenhausen, geb. 1919 in Münster, Sozialarbeiterin; Hausfrau; Abgeordnete, Schöffin, Seniorenbeirat.
Kamm, Helga, geb. Heinrich, geb. 1943 in Sulzbach-Rosenberg, Anzeigenaquisiteurin.
Kühl, Maria, geb. Bräunlich, geb. 1931 in Altenburg, Thüringen, Katechetin, Geschäftsfrau, Jugend-Sozialarbeiterin, Märchenerzählerin.
Linke, Margot, geb. Scholz, geb. 1924 in Maltsch/Oder, verstorben 2005, Kindergärtnerin, im Ruhestand.
Naylor, Florentine, geb. Jancke, geb. 1922 in Grünberg/Schlesien Beruf: Hausfrau, Übersetzerin (Dolmetscherin).
Oertel, Ilse, geb. Gerke, geb. 1948 in Wittingen, Verwaltungsangestellte, Schulsekretärin, Dozentin KVHS, Hobby-Künstlerin: Leinenbilder und Naturcollagen.
Roba, Erika, geb. Achilles, geb. 1953 in Lünen, Westfalen, Baumschul-Sekretärin.
Rüth, Luise, geb. Hochgürtel, geb. 1942 in Bonn, Kauffrau und Landwirtin.
Schmeling, Eva Maria, geb. 1928 in Flensburg, verstorben 2010, Krankenschwester.
Schnüttgen, Bernadette, geb. Eiteneuer, geb. 1927 in Alzen bei Morsbach, Oberbergischer Kreis, Hausfrau.
Strube, Anna, geb. 1922 in Ammensen, Hausfrau.
Thöne, Lieselotte, geb. Bäcker, geb. 1935 in Hilchenbach-Dahlbruch, Wirtschafterin, Kinderkrankenschwester.

Bisher erschienen in der Reihe ZEITGUT

		Erscheinungsjahr
Band 1	Gebrannte Kinder, Kindheit 1939-1945	1998
Band 2	Nachkriegs-Kinder, Kindheit 1945-1950	1998
Band 3	Stöckchen-Hiebe, Kindheit 1914-1933	1998
Band 4	Pimpfe, Mädels & andere Kinder, Kindheit 1933-1939	1998
Band 5	Wir wollten leben, Jugend 1939-1945	1998
Band 6	Schlüssel-Kinder, Kindheit 1950-1960	1999
Band 7	Gebrannte Kinder. Zweiter Teil, Kindheit 1939-1945	1999
Band 8	Und weiter geht es doch, 1945-1950	1999
Band 9	Täglich Krieg, Deutschland 1939-1945	2000
Band 10	Hungern und hoffen, Jugend 1945-1950	2000
Band 11	Von hier nach drüben, Grenzgänge, Fluchten 1945-'61	2001
Band 12	Wir sollten Helden sein, Jugend 1939-1945	2001
Band 13	Heil Hitler, Herr Lehrer! Kindheit 1933-1939	2000
Band 14	Lebertran und Chewing Gum, Kindheit 1945-1950	2000
Band 15	Zwischen Kaiser und Hitler, Kindheit 1914-1933	2002
Band 16	Getäuscht und verraten, Jugend 1933-1939	2002
Band 17	Halbstark und tüchtig, Jugend 1950-1960	2002
Band 18	Deutschland – Wunderland, 1950-1960	2003
Band 19	Mauer-Passagen, Grenzgänge, Fluchten 1961-1989	2004
Band 20	Der Traum ist aus, Jugend 1944-1945	2005
Band 21	Also packten wir es an, Deutschland 1945-1947	2006
Band 22	Morgen wird alles besser, Deutschland 1947-1952	2008
Band 23	Schicksalstage 1945, Kriegsende in Deutschland	2010

Kleine Taschenbücher

Kinder des Jahrhunderts (Taschenbuch zum Kennenlernen)	2004
Unvergessene Weihnachten, 1918-1959. Bd.1	2004
Unvergessene Weihnachten, 1922-1988. Bd. 2 (Originalausgabe)	2005
Unvergessene Weihnachten, 1914-1994. Bd. 3	2006
Unvergessene Weihnachten, 1923-1994. Bd. 4 (Originalausgabe)	2007
Unvergessene Weihnachten, 1918-1992. Bd. 5 (Originalausgabe)	2009
Unvergessene Weihnachten, 1925-2005. Bd. 6 (Originalausgabe)	2010
Unvergessene Schulzeit, 1921-1945. Bd.1	2005
Unvergessene Schulzeit, 1945-1962. Bd. 2	2005
Unvergessene Schulzeit, 1914-1945. Bd. 3	2007
Unvergessene Ferienzeit, 1923-1962. Bd.1	2005
Wo morgens der Hahn kräht, 1912-1945. Bd. 1	2006
Wo morgens der Hahn kräht, 1945-1968. Bd. 2	2006
Gegessen wird immer, 1916-1975. Bd. 1 (Originalausgabe)	2009